はじめに

何となく生きてきた延長で、大学を卒業して地元の徳島県の旅行会社に就職した。意欲も希望もなく入った会社は当然のようにすぐ嫌になったのだけれど、これといってやめる理由もなく、ただダラダラとやり過ごしていた。組織にいることも配属になった部署も自分には合わず、苦痛なだけだった。何年か続けていると仕事は人並みにできるようになったのだけれど、やりたいこともなく絶望すら感じない、何もないぬるい毎日を過ごしていた。ただ心が止まったままの自分の姿に気がつかないふりをすることだけが上手になっていった。

三十一歳で結婚した。妻は私と正反対の、常に前向きで太陽のように明るい人。よくこんな人づき合いの悪い仏頂面《ぶっちょうづら》の男と一緒になってくれたものだ。三十三歳で子どもを授かることになった。その時生まれて初めて、ため息ばかりついている生活はダメだと思った。生まれてくる子にこんな姿を見せる訳にはいかない。生きるのは楽しいことだと教えるのが親の役目なのだから。

それから、漠然とした焦燥感にさいなまれる日々が始まった。普通なら十代のうち

に考え悩まなければならない自分の将来のことを、三十歳を越えてから、しかも結婚して子どもまでできてから考え出すという幼い自分の精神に、我ながらあきれてしまった。

旅行会社の営業しかやったことのない、手に職を持たない中途半端な年齢の男に何ができるだろう。自営業をやっている友だちに相談したり、自分なりに調べてみたのだが、何かを仕入れて販売する商売はセンスが必要な上、家族が生活していくだけの儲けを出すのはとても難しいことがわかった。今からやるなら利益率のいい製造業だ、間違いない。そう思ったのだけれど、その時の私には自分の手から生み出せるものなど何もなかった。

そうこうしているうちに、元々好きだった飲食の仕事に関心を持つようになり、この歳からできそうなものはないか必死に探した。ある時、徳島には自家焙煎の小さなコーヒー屋がたくさんあることに気がついた。近所のコーヒー豆屋を何軒か見てまわったのだが、ただ大きな機械がコーヒーを焼いているだけ。これなら簡単にできそうだし、自分の好きな味を作ることができる素敵な仕事だ、なんていう軽い気持ちでコーヒーロースターという仕事に興味を持つようになった。本当のところを言えば、三十歳を越えてから修行して料理人になるのは大変そうだけれど、コーヒーは機械で煎るだけだから今からでも大丈夫だろうという恐ろしく甘い気持ちだった。

週末の休みを利用して自家焙煎店のコーヒーを飲み歩いたり、コーヒーに関する教室などに参加するようになったのだが、ある時、今まで飲んだ中で間違いなく一番美味しいと思う香味に出会った。それは神戸にあるマツモトコーヒーの松本行広さんのコーヒーだった。私は思い切って松本さんにコーヒーロースターになりたいことを相談したのだが、即座に止められてしまった。松本さんはとても正直な人で、コーヒー業界が出店過剰でいかにコーヒー豆が売れないかということを教えてくれた。コーヒーで稼ぐのがどれだけ大変なのかを諭し、業界のことを何も知らない私に開業を思い止まらせようとしてくれたのだ。これまで読んできた本やセミナーで聞いた話とまったく違うことを言われ正直戸惑ったのだけれど、松本さんの言葉は信用することができた。確かにどこかのコーヒー屋で修行をした訳でもなく、コーヒーの生豆すらほとんど見たことのない家族を抱えた三十歳を越えた男からコーヒー屋を始めたいと相談されたら、今の私でも間違いなく止めることだろう。

それでも意思の変わらぬ私に根負けして、松本さんは焙煎機の購入を勧めてくれた。コーヒーを焙煎するだけの機械だがとても高額で、コーヒーロースターにならない限りはまったく必要のないものである。でもその時、不思議と焙煎機を購入することに何の迷いもなかった。むしろ暗闇の中に小さいけれど光が見えた。それは覚悟を決めたからだと思う。覚悟のないものには光は見えない。

しかし、かすかに見えかけた光はすぐに見えなくなってしまった。うまくできないから、焙煎しては捨て、焙煎しては捨ての繰り返し。簡単だと思っていた自分の馬鹿さ加減を悔やむ日々が続いた。目の前に立ち塞がるあまりにも大きな壁に呆然とするしかなかった。現状から逃れたい一心で始めたコーヒーロースター、そこからさえも逃げたくなっていた。しかし焙煎機を買った以上、途中でやめる訳にはいかない。

焙煎に苦しむ中、二人目の子どもを授かった。それを機に、本格的に店舗物件を探し始めた。コーヒーは相変わらずダメなのに、追い込まれた人間のやることは恐ろしいものだ。しばらくして家の近くに手頃な広さの物件を見つけ即契約、すぐに内装工事に入った。しかしこの時点でまだ商売になるようなコーヒーができていなかった。それにもかかわらずオープン日を決めてしまった。コーヒーを飲んだ松本さんから真剣な顔で、「オープン日を延ばしたら?」と言われた時のことは今でも忘れられない。さすがの私もこれは本当にまずいと思い、死にもの狂いで焙煎に励んだ。そしてオープンわずか四日前に松本さんから合格をいただいた。間違いなくギリギリだったと思うのだけれど（本当はアウトだったような気がする）、これで何とかやっていけそうな気分になった。

松本さんに言われていた通り、コーヒー豆はまったく売れなかった。そもそもお客さんが来なかった。開業前は、好きな空間で好きな音楽を聴きながら自分のペースで仕事ができるなんて、こんなに幸せなことはないと思っていたけれど、暇だとそれに対してもだんだん腹が立ってくるようになる。それまで外まわりが主な仕事の営業職で待つことに慣れていなかったから、開店から閉店までの時間の長さに耐えられなかった。やることがないのにその場から離れられないのは、想像以上に苦痛だった。

だけど不思議なことに、お客さんがひとりも来ない日は開店以来一日もなかった。店は便がいいとは言い難い場所にあったけれど、毎日何人かのお客さんが来てくれた。とにかく新鮮なコーヒーを、適切な値段で販売することだけを毎日繰り返した。同じことを、同じ場所で同じ時間、同じ気持ちでやっていたら、自然とお客さんが増えていた。

五年目に店を移転した。それまでは店内ではなく祖父の家の倉庫を借りて焙煎していたため営業時間中どんなに暇でも焙煎ができなかったから、それを解決するために自宅兼店舗を建てた。そして移転を機に喫茶をやめ、コーヒー豆を焙煎して販売する店にした。それからさらに四年後、徳島市内のシャッター商店街になりつつある一角に、喫茶と雑貨販売、それに作品展示やライブができる場所を作った。広いスペースなのでスタッフが幾人かいる。組織が嫌で自営業を始めたものが組織を作っている。考えてみれば不思議な話だ。人は変わる。変わることを成長と言うのかもしれない。

私は経験したことしか信じない。自分がやっていないことは、どれだけそれが確実であろうとも、よくわからない。否定するというのではなく、ただ単純にわからないのだ。

飲食業や小売業の経験もなく、ましてお金も人脈も才能もない、それに夢や希望さえない私でも、何とかフリーランスで十年生き延びることができた。自分自身で体験して、もがき苦しんで、いっぱい間違い失敗してきたからこそわかったことがたくさんある。それらのことを、これから何かを始めたいと考えている人にそっと伝えたい、そんな思いでこの本を著した。地方都市でコーヒーロースターを十年やってきただけの男の話。生まれてこの方、世界と折り合いをつけることができず悪戦苦闘し、今もうまくできなくて日々格闘している私のような人間でも何とかやっていけるんだよ、と伝えたい。

偉人と呼ばれる人たちの話を聞いて、どんなに一生懸命に理解して学んでも、同じようには絶対できない。だって彼らは、努力の才能も含めて天才なんだから。凡人には凡人の生き方がある。一流でも二流でも三流でもない、普通の人がフリーランスで生活していくために必要なことがある。右往左往しながら歩んできた私の経験が少しでも役に立つといいなと思っている。夢や希望がなくったって、楽しく幸せに暮らしていけるんだ。「自分らしく」なんて言葉に惑わされずに生きていって欲しい。とにかく、一生懸命やっていれば何とかなる。それだけで大丈夫だよ。

地元徳島の旅行会社に就職したのはバブルがはじけたばかりの頃だった。その波はまだ地方都市にまで届いておらず、のんびりとした時代だった。

入社してすぐ営業部に配属された。仕事内容は会社をまわって出張の切符を手配したり、社員旅行の仕事をもらってくるというもの。そんなこと、大学を出たばかりの二十二歳の世間知らずにいきなりできる訳がなかった。

学生時代に旅行などしたこともなければ、飛行機に乗ったのも人生で一、二度くらい。そんな男が三十人以上を連れて海外にも行っていたのだから、まったくデタラメなものだ。行かす会社も会社なら行く私も私、何ごともなくてよかったと思う。入社三日目で向いていないと思った会社に十年も在籍した。楽しかったのかと言えば、そんなことはない。嫌

会社員のすすめ

だと思うばかりの毎日だった。

しかし、今思えばいいことがたくさんあった。電話の応対、領収書や請求書の書き方、営業での話し方、会議資料の作り方、原価計算の仕方、パソコンの使い方、酒の飲み方など、数えきれないくらいたくさんのことを、お金をもらいながら教わった。もし専門学校に通ってすべてを身につけようとしたら、きっとかなりのお金と時間が必要になるだろう。

ひとつだけ後悔しているのは、営業の部署しか経験しなかったこと。もし経理部で働いていたら、自営業になってからとても役に立っただろうな。自分で経理ができると、経営するストレスが随分と軽減する。

開業したい人は一度、正社員として就職するのがいい。正社員であることは案外重要で、責任も増えるが会社員であることの恩恵もより受けられる。大きな会社、自分の希望する職種、自分の住んでいる町や住み

たい町でなければ仕事は必ずある。大切なのは社会に出て、社会と対峙すること。

夢や希望ばかり言う人の話は、誰も聞いてくれない。だけど知識や経験、戦力や資金を持っている人の夢や希望はみんな聞いてくれる。やりたいことをやるための環境を作る。それがロマンティックに生きていくってことなんだ。

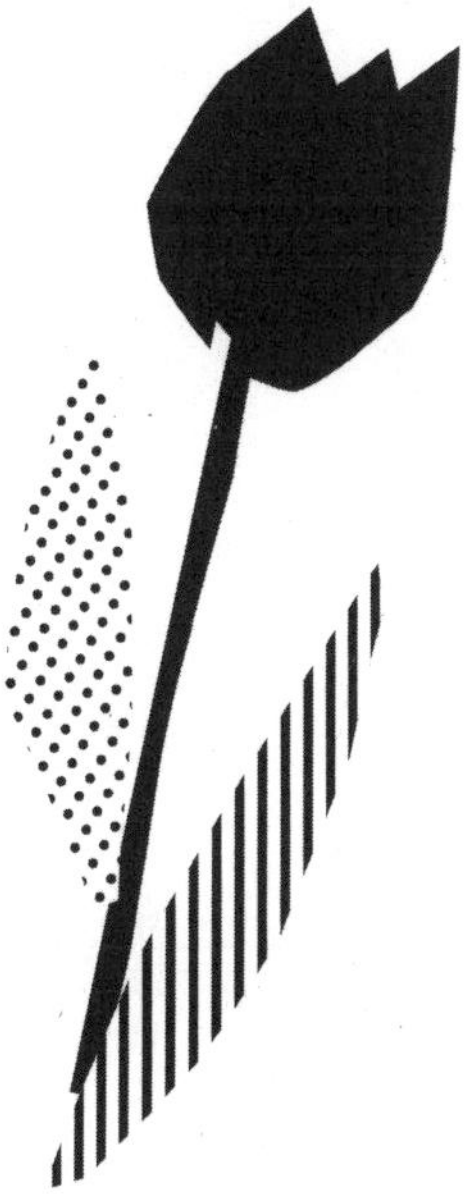

自宅以外でコーヒーを飲むことはあまりないし、コーヒーに強い思い入れもない。何かに対しての執着心がまるでなく、できなければすぐに諦めてしまう性分だ。しかし、不思議とコーヒーの焙煎には一生懸命になれた。

音楽や小説が好きだけれど、それらの才能がないことは中学生の頃から薄々感づいていた。それは努力でどうにかなる話ではないということもよくわかっていた。

三十六歳妻子あり、こんな男が一番好きなことを新たな生業にするのは危険だ。好きなことは趣味でやればいい。だからといって、興味がないものや嫌いなものを仕事にするのは辛い。一番いいのは、まあまあ好きなものを仕事に選ぶこと。どこか俯瞰《ふかん》できるくらいの距離感のあるもの、それが私の場合、コーヒーだった。

夢はなくったっていい

大切なのは、自分に何ができるかだ。できないことをできるように努力するのは一見美談のようだけれど、お金を稼ぐという視点で考えると、そんな悠長なことは言っていられない。とはいえ、これができますと自信を持って言えるものなんて、普通の人にはない。

だけどよくよく考えてみれば、絶対に何かひとつはあるはず。例えば、素敵な笑顔ができる、きれいな字が書ける、時間に正確、約束は必ず守る。そんなのは普通のことだと思うかもしれないけれど、それを毎日きちんとできる人はなかなかいない。

客観的に自分を見ることができれば、まわりの世界の見え方も変わる。世界が変われば、自然と自分も変わっていく。自分はこんなものって決めつけてしまったら、そこで世界は止まる。世界は主観でできているからこそ、客観性が必要なのだ。今見えている世界に満足している人は、もちろんそのままでいい。もし今いる世界に違和感があるのなら、まず自分のできることを数えてみよう。

大切なのは夢ではなくて毎日の生活。何がしたいかを考えるより、自分は何ができるかを意識して、できることを確実にやる。好きなことで生きていくのが理想だ、という考えは危険だ。仕事に夢や希望がなくても、誰かが笑顔になってくれるのなら、それで十分。自分の仕事に「ありがとう」と言ってもらえる以上に、嬉しいことなんてないのだから。

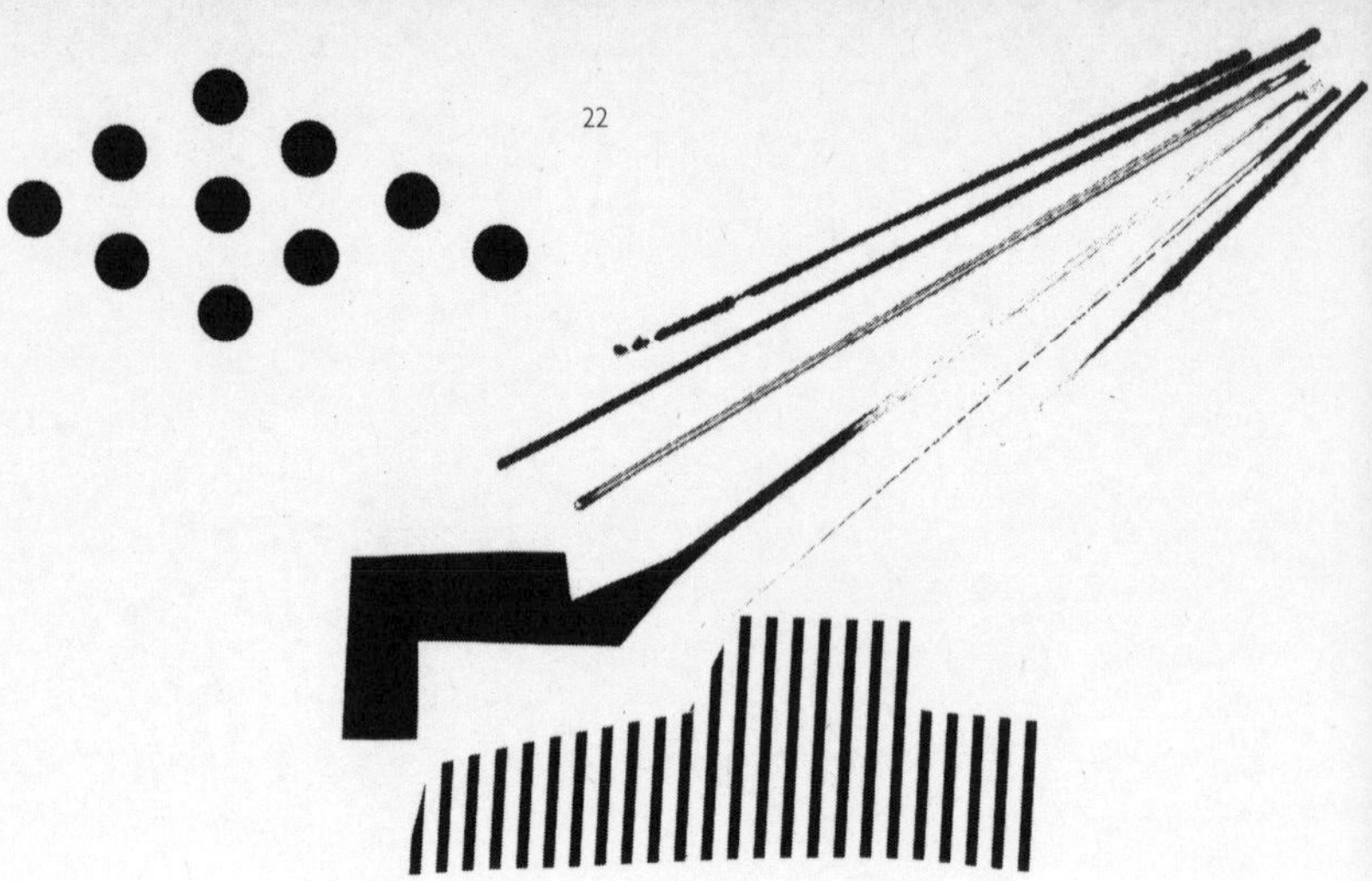

お金を持っていますか

開業したいと相談されることがあるが、必ず最初に「お金を持っていますか」と尋ねる。身も蓋もないように聞こえるかもしれないが、これがないとどうにもならない。熱く夢やビジョンを語った後、「お金はないです」と言われるとどっと疲れてしまう。何より必要なのは、スタートに着くための準備ができているかどうかだ。始めることができなければ、自分が目指す場所には絶対に辿り着くことはできない。

　下品だと思うからなのか、お金のことは案外誰も言ってくれない。実際、私もお金にあまり関心がなかった。だけど、何をするのにもお金が必要だってことは、自営業を始めて身にしみてわかった。

なりたいものなんて、なくてもいい。だけど、お金を貯めておくことはとても大事。お金があればやりたいことができた時、すぐに始められる。自分で働いて貯める、親や親類に借りる、金融機関から融資を受け

る、宝くじを当てる。その方法は何だっていいし、美しくなくてもいい。例えば、親から借りるのは格好悪いと思うかもしれない。だけど、商売をしていると格好悪いことなんてもっとたくさんある。そして、それは格好悪いことなんかじゃない。お金というのはその人の信用を表すものだから、信用のない人には誰もお金を貸そうとは思わない。

大学生活を終えて、私は実家に戻った。それから結婚するまで、実家暮らしを続けた。実家に住まわせてもらったので、九年間家賃を払わずにすんだ。そのおかげで少ないながらも貯金をすることができ、そのお金で焙煎機を購入することができた。ひとり暮らしをしていたら絶対に無理だった。ある意味、親から借りたお金で購入したようなものだ。

何かを始めたいと思っている人は、とにかくお金を貯めておこう。貸してくれるところを探してもいいが、自分の資金で始めると気持ちの余裕がまったく違う。それに、借りたお金に思いを込めるのは難しい。常に恐怖心がある方がうまくいく。怖がりすぎて何もできなくなるのも困るけれど。もしも失敗しても、いい車を買って自損事故で廃車になったんだと思い、ははは と笑ってまた必死にお金を貯めてもう一度挑戦すればいい。

祖父の家の倉庫に焙煎機を設置させてもらうところから、私のコーヒーロースター人生が始まった。お金を出して焙煎機の設置場所を借りることなんて考えなかった。すぐにお金をいただけるコーヒーができる保証もないのに、無謀なことはできない。そしてアパートを引き払い、妻と一緒に再び実家に戻った。家賃がかからなくて楽だと私は喜んだけれど、生まれたばかりの子どもを抱えて私の両親と同居する妻は大変だったことだろう。

当時の私は、そんなことを考える余裕もないほど追い込まれていた。自分のことしか考えていない、幼稚でみっともない決断だった。会社をやめたい一

どちらがいいと決められるほど単純じゃない

心の、ひどく狭い視野と偏った知識で進んでいたんだ。でも妻の気持ちに気づいていたら、コーヒーロースターになることはできなかった。

　このことは私の大きな指針となった。ものごとは、どちらがいいと決められるほど単純なものじゃない。だから時には考えすぎず、直感で決めることも必要だ。間違うことも多いけれど、それを繰り返すことにより判断力と修正力は養われていく。

名前は大切

　娘が生まれた時に買ったベビーチェアは、フィンランドを代表する建築家アルヴァ・アアルトがデザインしたものだった。その椅子に座らせた瞬間、それまで泣いていた娘がすっかり笑顔になり、ご機嫌に手をたたき出した。その光景はあまりにも幸福に包まれていた。建築に興味もなく、アルヴァ・アアルトのことなんてまったく知らなかった私が、アアルトの魔法にかかった瞬間だった。

　三十四歳の時、なけなしの貯金をはたいて焙煎機を買った。高級車が余裕で買えるくらいの高価なものなので、愛着を持って日々接するために名前をつけることにした。アアルトの魔法にかかったままだった私は、焙煎機を「アアルト君」と名づけることにした。カタカナだと「アールト」とすることも多いようなのだが、私は「ア」が二つ並ぶ方が好みだったので、「アアルト」と表記することにした。

焙煎機を購入してから二年ほどは会社員を続けながら焙煎の練習をしていた。本当はもっと早く開業したかったのだけれど、なかなか美味しいコーヒーができなかったからだ。このまま開業できないのではないかと心配で眠れぬ夜をいくつも過ごし、食欲もなく体重も十キロ近く落ちた。

焙煎で頭がいっぱいで、他のことを考える余裕などなかった。しかし店を始めるからには屋号はつけなければならない。それまでは「庄野コーヒー(仮)」と名乗っていたのだが、自分の名前というのもどこか照れ臭い。ふと「『アアルト君』が焙煎しているのだから『アアルトコーヒー』でいいじゃないか」と思った。何度も口にしていると、とてもいい名前のような気がしてきた。

開店してから幾度となくこの屋号に助けられた。北欧が好きな方や建築関係の方が名前に興味を持ち来店してくれたり、北欧関連のイベントにお誘いいただくこともあった。開業当時、北欧の名前がついたコーヒー屋はほとんどなかったし、「アア（ａａ）」から始まるこの名前は五十音順やアルファベット順で並べる時に必ず一番上になるため目につきやすかった。

知人がお世話になっているフードスタイリストの方がアルヴァ・アアルトと同じ誕生日だという理由で、誕生日プレゼントとして私のコーヒー豆を贈ってくれた。それがきっかけでアアルトコーヒーが雑誌で紹介されたのだが、それを見たたくさんの方からオーダーをいただき、開店から一年がすぎて何とか最初の軌道に乗ることができた。

そして、私のコーヒー豆をプレゼントに使ってくれたことで、思いつきで決めたこの名前に意味があったことに初めて気がついた。アルヴァ・

アアルトの誕生日である二月三日は、アアルトコーヒーの開店日だった。もちろん偶然のこと。でも今は運命だったのかなと思う。

この名前のおかげでいい出会いがずっと続いている。私はまだアアルトの魔法にかかったままだ。今では「アアルト」は私に力を与えてくれる魔法の言葉になった。

今なら自信を持って言える。名前は大切だ。

アアルトコーヒーに名前を決める前から、アルヴァ・アアルトの椅子を使うことだけは決めていた。新品で揃えると落ち着きがないと思ったので、中古を探し始めたのだけれど、なかなか数が揃わない。そんな時、ある小さなカフェの記事を目にした。中古のアアルトの椅子が揃った、美しく清閑な佇まいに胸を打たれた。

ホームページを見るとメールアドレスがあった。私は「どこで椅子を買ったのですか」と、行ったこともない店の、会ったこともない方にメールを出してしまっていた。常識外れの行為とはわかっていたものの、当時の私は藁にもすがる思いだった。突然の失礼なメールにもかかわらず、店主の方から丁寧な返事をいただき、そのおかげで椅子を揃える

私にはあの店が必要だ

ことができた。やはり一度お礼を言いに行くのが筋だろう。何より一目で惹かれたあの空間に行ってみたかった。

荻窪駅から少し離れたあまり人通りのない場所に、その店は閑かにあった。緊張しながら戸を引くと、雑誌で見た店主がカウンターの中にいた。

初対面にもかかわらず、たくさんの話をしてくれた。会社員をやめてカフェを始めた店主の話は、会社員からコーヒーロースターになろうとしている私にとって、すべてが宝物のようだった。その時の言葉たちは、今も心の中にある。

それからというもの、焙煎したコーヒーを送っては飲んでいただいた。間違いなく美味しくないコーヒーだったけれど、丁寧に感想を言ってくれた。よく考えたら、私の焙煎修行時代の唯一の先生だった。アアルトコーヒーの屋号で店を始めた時には、お祝いにアルヴァ・アアルト邸のポスターを贈ってくれた。

アアルトコーヒーを始めて一年が経った頃、その店が荻窪から吉祥寺に移転するという報せがあったのだが、それ

に合わせて私のコーヒー豆を使わせて欲しいと連絡をくれたのだ。コーヒー豆屋になって一番嬉しい瞬間だった。この時、私はようやくコーヒーロースターになれたと思った。あの幸福感は一生忘れないだろう。

　そのカフェでコーヒー豆を使っていただくようになったことがきっかけで、イラストレーターや音楽家、作家など、徳島にいたら絶対に出会うことのないたくさんの人たちと知り合うことができた。その中のひとりは私に会うと決まってこう話す、「この店で飲むアアルトコーヒーが一番美味しい」と。コーヒーロースターとして、これより嬉しい言葉があるだろうか。

　あの店で飲んで美味しかったからと通販で注文してくれ

たり、カフェを始める方から同じコーヒー豆を卸して欲しいと問い合わせをいただいたりした。信頼のある店で使っているからいいコーヒーだと思ってもらえたんだ。信用というのはこうやって作られるものなんだ、と身にしみて感じた。

あの店に行けば間違いない。あの店に置いてあるのだからいいものに違いない。私にはあの店が絶対に必要なんだ。そう思ってもらえる店になりたい。同じようにはできないけれど、私のやり方で店を続けていきたい。

自営業は何をやっても自由だけれど、誰も何をすべきかを指示してくれない。それまでとはまったくかけ離れた世界に入ったから、とにかく考えた。美味しいコーヒー豆を販売する。これが一番大切なことくらいはわかっていたが、それだけでいいのだろうか。日々、自問自答していた。まわりをキョロキョロ見まわしながら、恐る恐る自分の足で歩いていくしかなかった。

出店した場所は、大型チェーン店が並ぶ幹線道路沿いで個人店は少なく、何かのついでに寄ってくれるような立地ではなかった。目的を持ったお客さんしか来ない場所。開店早々、近所の方から「ここに入ったお店はどれもすぐに潰れちゃうんだよね」と言われた。そんな致命的な情報、誰か教えてくれよと思ったけれど、もうオープンしてしまったからどうしようもない。そんなこと契約前に自分で調べるべきことくらい、今な

お客さんを見て生きていく

らわかる。だけど、コーヒー豆なんて通りすがりにふらっと買うものではないから、ここでもきっと大丈夫と思うことにした。何の根拠もないのに。

しかし世間の言う通りになるもので、案の定オープンしたばかりの知らないコーヒー豆屋になんて誰も来てくれない。車はよく通るけれど、通りすがりに立ち寄る人はいない。これが現実だった。

お客さんに来てもらうためにいろいろ考えた。考えたあげく、結局何もしなかった。しばらくすると少ないながらも通ってくれるお客さんができたので、その方たちに喜んでもらえるコーヒーを作ることだけを考えた。

開業前、先輩のコーヒーロースターに「君が作るコーヒーは誰のためのものだ」と問われた。それ以前に、美味しいコーヒーが焙煎できずに

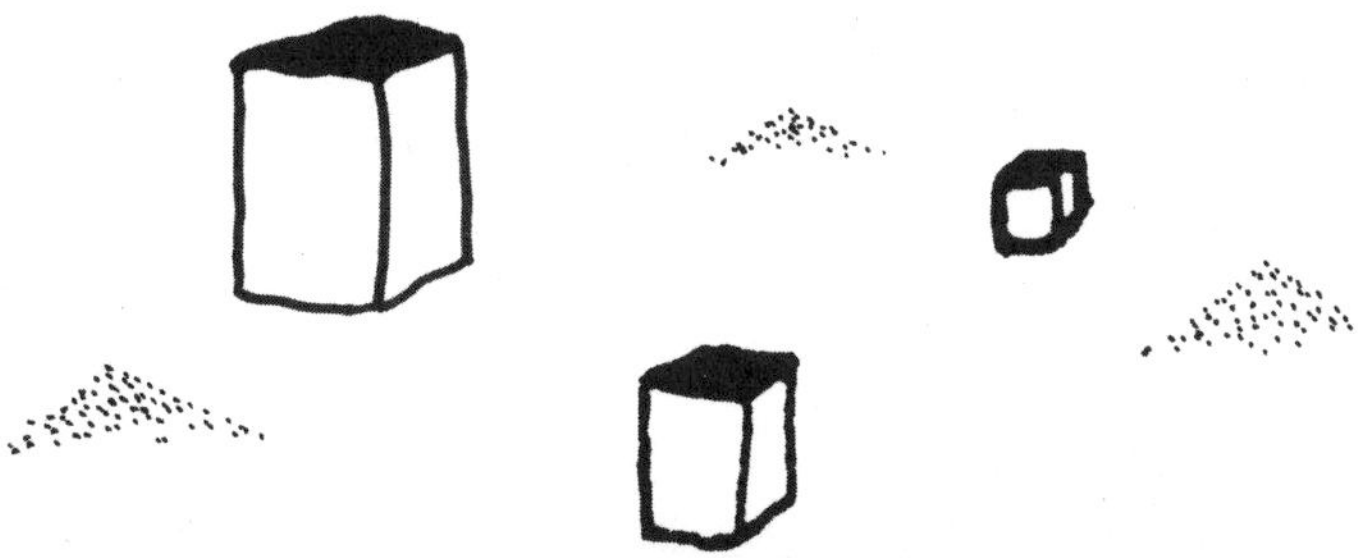

苦悩していた私には、禅問答のような質問の意味がまったくわからなかった。

店を続けてきてやっとわかった。私はお客さんのためにコーヒーを作っているんだって。最初は自分がいいと思うコーヒーを作るのに懸命だった。だけど、それはただお客さん好みのコーヒーを作る想像力と技術が足りなかっただけ。人一倍不器用な私が最初からうまくできるはずがない。経験が圧倒的に足りなかったんだ。

時間はかかったけれど、ちょっとはましなコーヒーが作れるようになった。自分が美味しいと思うコーヒーではなく、お客さんの求めている味に近いコーヒーができるようになったのだ。やはり何事も経験が必要だ。不思議なもので、自分というものが完全になくなった頃から、遠くから買いに来てくれるお客さんや、わざわざ通販で注文してくれる方も増えていった。

コーヒーロースターが自ら「美味しいですよ」と言っても、その言葉に力は宿らない。それを決めるのはすべてお客さんの言葉。店をするのに自分を持つ必要なんてない。お客さんのために自分の仕事を懸命にやる、ただそれだけ。時代の流れやマーケティングなんて言葉に騙されちゃいけない。私はこれからも、お客さんを見て生きていく。

コーヒーロースターになって最初に立てた目標は、家族が食べていけることだった。実家に住ませてもらったおかげで何とか生活はできた。すなわち目標達成。それからもいくつかの目標を立てて達成していった。定休日を木曜日から日曜日にする。喫茶をやめてコーヒー豆の販売だけでやっていく。親との同居をやめる。

一部上場企業にしよう、世界一のコーヒーを作ろうなど、大きな目標を考えたことは一度もない。どれも小さなものばかり。しかも、できなかったらすぐに諦められるくらいの目標ばかり。あまり執着すると、目標達成のための手段が目的にすり替わってしまう。

もっと危険なのが、目標達成のためだけに全力を傾けてしまうこと。全力でやらなきゃと思った時点で、それは自分に向いていないんだ。誰だって力いっぱいやったにもかかわらず成果がでないと、つい愚痴をこ

全力でやらなきゃと思ったことは向いてない

ぼしてしまいたくなる。だけど人は楽しいことなら何時間だってやってられる。ただ好きなだけではなく、やるなと言われても全力でやり続けてしまっていることを仕事にできたら、それが一番いい。

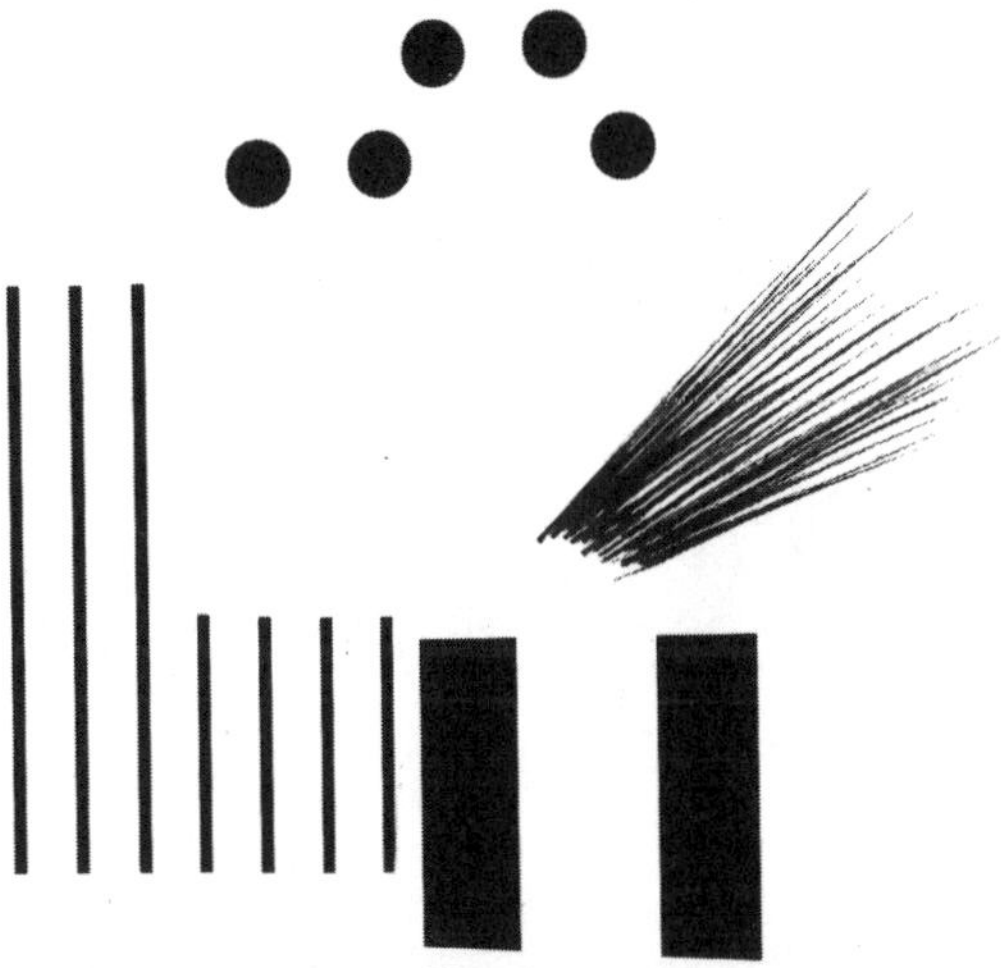

店を始める時、ひとつだけ自分に決めごとを課した。それは、よい生豆を適切に焙煎して、新鮮なうちに適正な価格で販売すること。会社員の時とはまったく異なる職種で、しかも初めての自営業。言うなれば、砂漠にポンと置き去りにされたような状況だった。どこへ向かって行ってもいいけれど、進む方向に何があるのかもわからない。そして、それがどこまで続いているのかもわからない。だから最初に砂漠を切りとった。私の場所はここからここまで、と自分で箱庭を作った。

まず豆の販売価格を決めた。ブレンドもストレートもすべて均一にした。価格に左右されず好きなコーヒーを飲んでもらいたいし、たくさん飲む人に少しでも安価で提供したいと考えたからだ。会社での営業生活が長かった現実派としては、どんなに美味しくても毎日の生活に負担のかかるコーヒーはずっと買い続けられないことはわかっていた。だから、

箱庭の自由

ちょっとだけ頑張れば飲み続けられる価格にした。ゆえに高価な生豆を仕入れるという選択肢はなかった。決めていると無駄な判断をしなくていい。

次に販売日数を決めた。開業当初は焙煎日を含め七日間。もちろん、どこの誰とも知らないコーヒー屋の豆が最初から売れるはずがない。焙煎しては捨て、焙煎しては捨ての毎日。コーヒー豆に申し訳なくて仕方がなかった。だけど決めたことは守らなければ、と頑なに守り続けた。今は二日以内でまわせるようになり、小さな機械でこまめに焙煎しているから豆を廃棄することもない。

これからも自分自身にたくさんの縛りを作っていこうと思う。だって不自由さの中でないと本当の自由なんてわからないものだから。ただ自由なだけではいられないし、いたくもない。私には目指す場所がある。

だから、今はそこから目を逸らしたり逃げ出したりしないで、守るべき指針に縛られながらそこに向かっていく。これからもずっと、自分で切りとった箱庭の中で自由に生きていきたい。

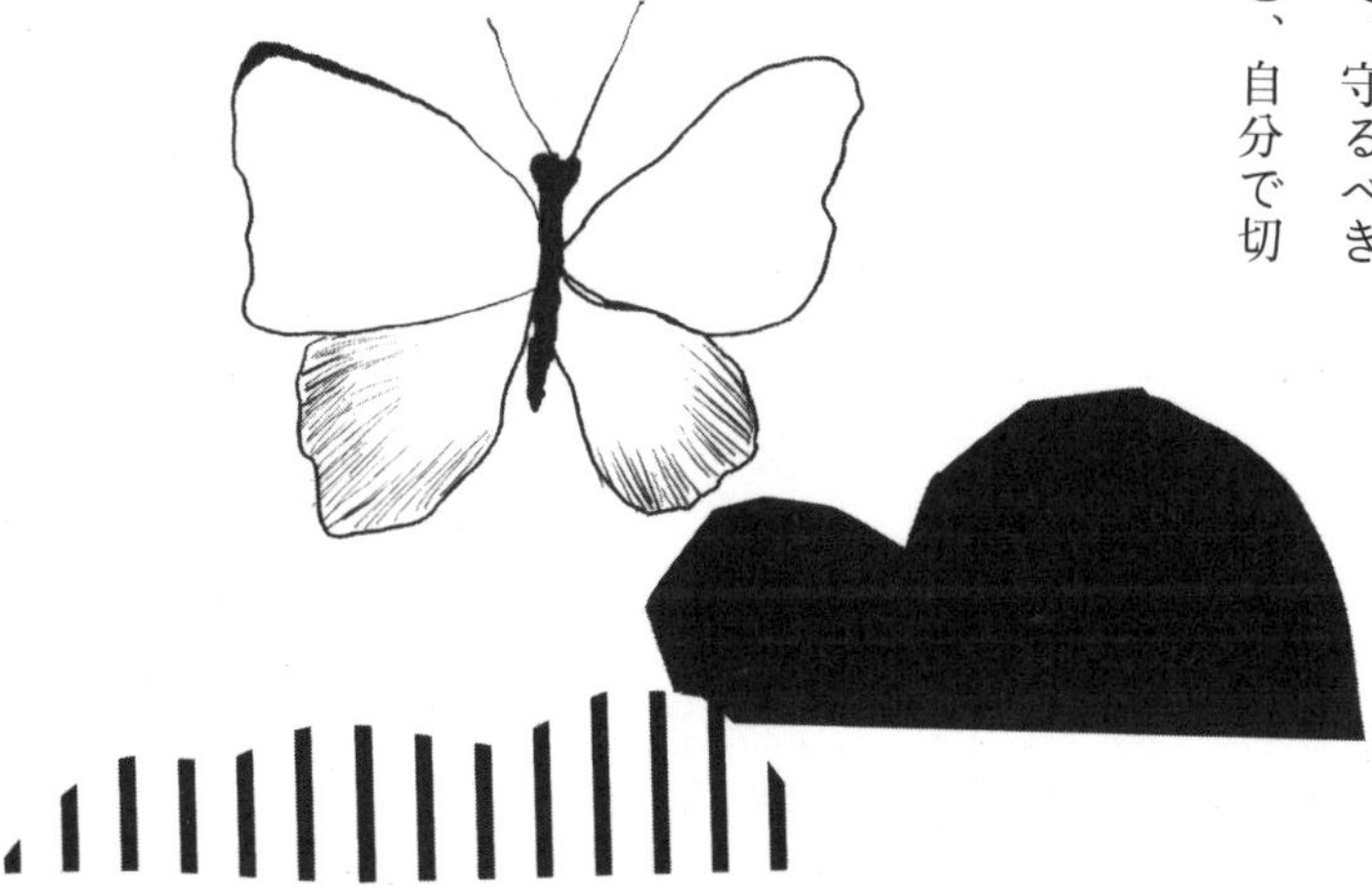

開業時はお金がなかったから知恵を絞った。まず電話とファックスの番号をわけた。わかれている方がちゃんとした店っぽいと思ったからだ。○○っぽいというのは案外大切。次に無料の長いものではなく、きちんとしたホームページアドレスを取得した。そして、ロゴ、パッケージ、名刺をプロにデザインしてもらった。誰が見ても格好よく、スタンダードになりそうなシンプルなデザイン。レコードや本と同じように、まずはジャケットで選んでもらえるコーヒー豆を目指した。

これらのことをするのには、それほどお金はかからない。もちろんタダという訳にはいかないが、雑

安心できる見た目も大切

誌に広告を載せる金額に比べたらずっと安価だ。こうした小さなことは目に見えてすぐに効果が出るものではないけれど、かけた金額以上の効力が持続する。

長く続けるためには安心できる見た目も大切だ。だらしない身なりの人よりも、きちんとした格好をした人の方が安心できる。店だって同じこと。きれいな外見は自分のためではない。お客さんに気持ちよく過ごしてもらうためのものなのだ。

やることの多さに妻と二人、オロオロしていた。コーヒー豆の焙煎、販売はもちろん、梱包に発送、掃除、お菓子作り、仕入れや配達、経理まですべて自分たちでやらなければならない。これは大変なことを始めてしまったとため息をつく日もあった。

自営業を始めて、会社員がどんなに恵まれていたかを実感した。仕事量だけではなく、お金の面でも。仕事に失敗したって毎月給料をもらえるし、有給休暇に賞与まである。それに急に体調が悪くなって休んでも同僚が助けてくれるが、自営業者は休めば一円もお金が入ってこない。

そして、自営業になった初めての年、届いた国民

知りすぎるのも知らなすぎるのも

健康保険の金額を見て気絶しそうになった。社会保険は会社が半分負担してくれているという知識はあっても、自分で払う立場になるまでそのありがたさにまったく気づいていなかった。

自分の想像力のなさに、そしてお金のなさに涙する毎日。だけど、全部知っていたら店を始めなかっただろう。そう考えれば無知なのも悪くはない。もちろんよくもないけれど。知りすぎるのもよくないし、知らなすぎるのもよくない。

流行ってないのは最高の好機

私の店はコーヒー業界が最低の時期にスタートした。二〇〇〇年前後に起こったカフェブームが終焉を迎え個人店はどんどん店をたたみ、元気があるのは海外からやってきたコーヒーチェーン店だけ。すでに飽和状態で、新規店が生き残るのは絶対に無理だとみんなから言われた。だから調べて考えた。どの場所が空いているんだろうかと。場所といっても立地のことではなく、店のスタンスの話。

コーヒー屋は本格志向の専門店が多かった。しかし待て、そもそも本格志向って何だろう。そこがひっかかった。

急に話は変わるが、一九八〇年代頭にあった漫才ブームの終わりに、ダウンタウンが現れた。その頃流行していたマシンガンのような早口の漫才とは逆の、遅いテンポのかけ合いは異彩を放ち、一躍人気コンビとなった。もちろん才能があって努力をした結果なのだが、ブームが去っ

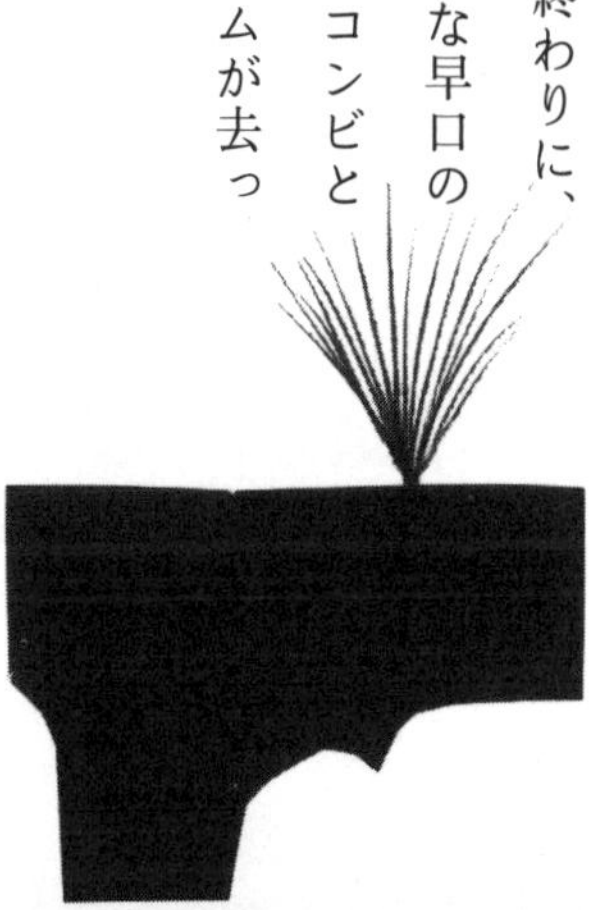

た後に登場したからこそ、彼らは大勢の漫才師の中に埋もれることなく正当に評価されたという事実が頭の中にずっと残っていた。低迷期に他と違うことをすれば、チャンスは必ず巡ってくる。何の根拠もなかったけれど、ダウンタウンを見てそれを確信していた。

かっこいいパッケージを作った。コーヒー器具を扱わない代わりに、器や雑貨、ポストカードを販売した。それに絵や写真の展覧会も開催した。本格志向と言われる専門店から見たら、どれも邪道なことばかりだ。販売したものもやったことも、目新しいことはひとつもない。今ではどれも普通のことだけれど、そんなことをやっているコーヒー屋はほとんどなかった。

開店当時、その場所が空いていることに気がついたおかげで本格志向の店と真っ向勝負をしないですんだ。本物に勝てる訳がない。それなら他がやっていないことを真剣にやろうと考えた。だから、新しい何かを求める人たちの目に留まったのかもしれない。きっとブームの最中に他と同じことをやっていたら、多勢のうちのひとつだっただろう。

新しいアイデアを考えるのは大変なことだけれど、場所を見つけるのはそんなに難しいことではない。私は常に自分の場所を真剣に探している。今は何が流行っているんだろう。だけど、そこは私の場所ではない。

最初の数年は同じことをやり続けた。むやみに品ぞろえを変えない。イベントはしない。週に一度は休む。その代わり臨時休業はしない。営業時間は何があっても守り、どれだけ暇で辛くともそこにいる。そういう当たり前の積み重ねが信用になる。あれを買いに来たのに売っていない。イベント出店のための臨時休業。仕事が終わって急いで来たのにもう閉まっている。それでは不信感しか残らない。

ちっともコーヒー豆が売れなかった頃から「うちは喫茶店ではありません。コーヒー豆屋です」とお客さんに言っていた。毎日コーヒーを飲みに来るおじいさんにはいつも苦笑いされていたが。愛想のないおっさんがやっているメニューの少ない喫茶店だと思われていたし、実際のところ喫茶の収益で生活をしていた。

時間はかかったけれど、今はコーヒー豆の販売だけでやっている。手

自分がいいと思ったものを信じてみよう

間をかけて届けたものは早々に廃れることはない。広告に頼ると確かに効果は早い。特にテレビで紹介されると恐ろしいほどお客さんがやって来る。しかし、そうしたお客さんの大半は再び店に来ることはないし、そのせいでいつも来てくれる方がお店に入れなかったり、手に入れられなかったりしてしまう。

店は当たり前のことを、毎日同じ気持ちでできるかどうかがすべてだ。決めた時間はずっと開けて、いいものを提供し続けること。偉そうに言ってはいるが、誰も来ない店に立ち続けるのは、本当にお腹が痛くなる。開店してから三時間後にやっと最初のお客さんが来店する日や、一日に二人しか来ない日もある。たまにだけれど、お客さんが一気に来て待たせてしまうこともある。安定して来店してくれたらいいのに、と思いながら一喜一憂する毎日。

自分がいいと思って始めたものを信じてみよう。人に伝わるのには時間がかかるんだ。いつも来てくれるお客さんを大切にしていれば、その方たちが必ずいいお客さんを連れて来てくれる。時と手間を費やして得た信頼があれば、そう簡単に見捨てられることはない。

ずっと同じ道具を使ってコーヒーを淹れている。こう言うと「こだわりのものなんですね」と聞かれるが、そうではない。答えは簡単で、ただ使い慣れているから。同じ道具で淹れ続けていると、どうやって使ったらいいのかが理解できる瞬間がやってくる。それは子どもの頃、ある時から急に逆上がりができるようになったり、自転車に乗れるようになった体験と似ている。同じ道具を使って同じコーヒーを淹れ続けていると、美味しく淹れられるコツのようなものが体でわかるようになる。

本当はもうひとつ、大きな理由がある。開業当初は焙煎と豆売り、それに喫茶もしていた。ひとつだけでも十分商売になることを、同時に三つもやっていた。しかしすべて中途半端で、どれひとつ満足にできていなかった。それなのに淹れ方までいろいろ手を出すのは危険だと感じ、エスプレッソが流行っているのを横目に、喫茶は使い慣れたペーパードリップに絞った。自信はないがプライドだけは高い、自意識過剰で小心者の私だから、人より明らかに劣るところには近寄らないという防衛本能が働いたのだろう。

コーヒーにこだわりのあるお客さんはなかなか来なかったが、コーヒーのことはよく知らないけれど私のコーヒーを美味しいと思うお客さんが通ってくれるようになった。小さな個人店はすべてのお客さんと向き合う必要はないけれど、どんなお客さんに来てもらいたいかを明確にすることは大切だ。私はコーヒーの細かいことはわからないけれど、家で美味しいコーヒーを気軽に飲みたいという、こだわりの強くない方に来て欲しい。もちろん、こだわりのある人にも飲んでもらいたい。

私が目指しているのは、J・D・サリンジャーの『ライ麦畑でつかまえて』。一九五一年に発表された小説だが、未だに多感な年頃の若者たちに支持され続け、青春のバイブルとも言われている。そして思春期を過ぎても、ことあるごとに何度も読み返す熱心な読者がたくさんいる。私はこの作品のように、常に新しいお客さんがやって来て、そしてずっと愛し続けてもらえるコーヒーを作りたいんだ。

大学時代に四年間過ごした名古屋が唯一の都会生活だが、校舎は郊外にあったため徳島に住んでいる頃と何ら変わりはなかった。旅行会社に勤めている時にいろいろな国に行ったが、煌《きら》びやかな繁華街でも、一本通りを入ると、そこには人々の普通の暮らしがあった。結局、生活する範囲が自分の世界であることを知ったから、どこにいても同じだと思った。

今住む町は、海が近いから朝サーフィンをした後でも普通に出勤できるし、車を走らせれば都会の神戸にも一時間ちょっとで行ける。満員電車に乗ることもなければ、ご飯を食べるのに並ぶ必要もない。都会に住むより確実に自分の意思で自由に使える時間がたくさんある。だけど私は、そんな理由で徳島に住んでいるのではない。他の場所で生きていく積極的な理由がないからだ。ここで生まれ、ここに家族がいて先祖の墓

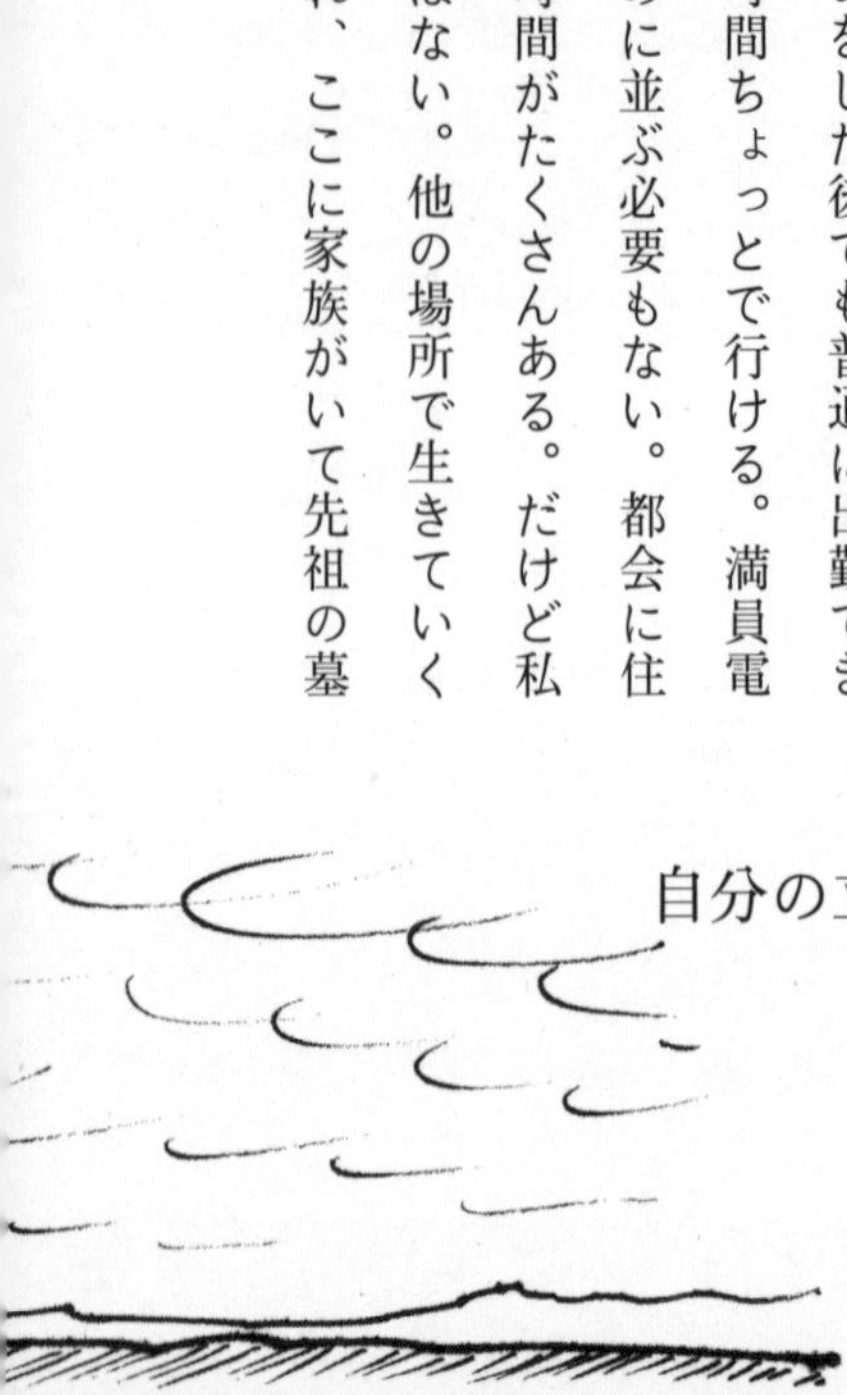

がある。それだけの理由で今も徳島に住んでいる。

地元で商売をやってみて、ひとつだけ徳島のいいところを発見した。それは競合店が少ないこと。これは圧倒的な地方の強み。確かに東京や大阪などの大都市から見ればマーケットはとても小さいが、開業や店を維持するために必要なお金もずっと少なくてすむ。都市部なら地方の数倍、いや下手すると十倍以上の家賃がかかるし、物件を借りる時に恐ろしい金額の保証金が必要になる。人件費だって一・五倍くらいかかるだろう。都市のメリットはたくさんあるが、デメリットもある。それは地方だって同じ。どっちがいいなんて話ではない。うまくいくのも失敗するのも、場所のせいではないということだ。

私の場合、自分の生まれた町でもできる仕事だった。しかし、自分の目指すものが今いる町では実現できないとしたら、それができる場所に

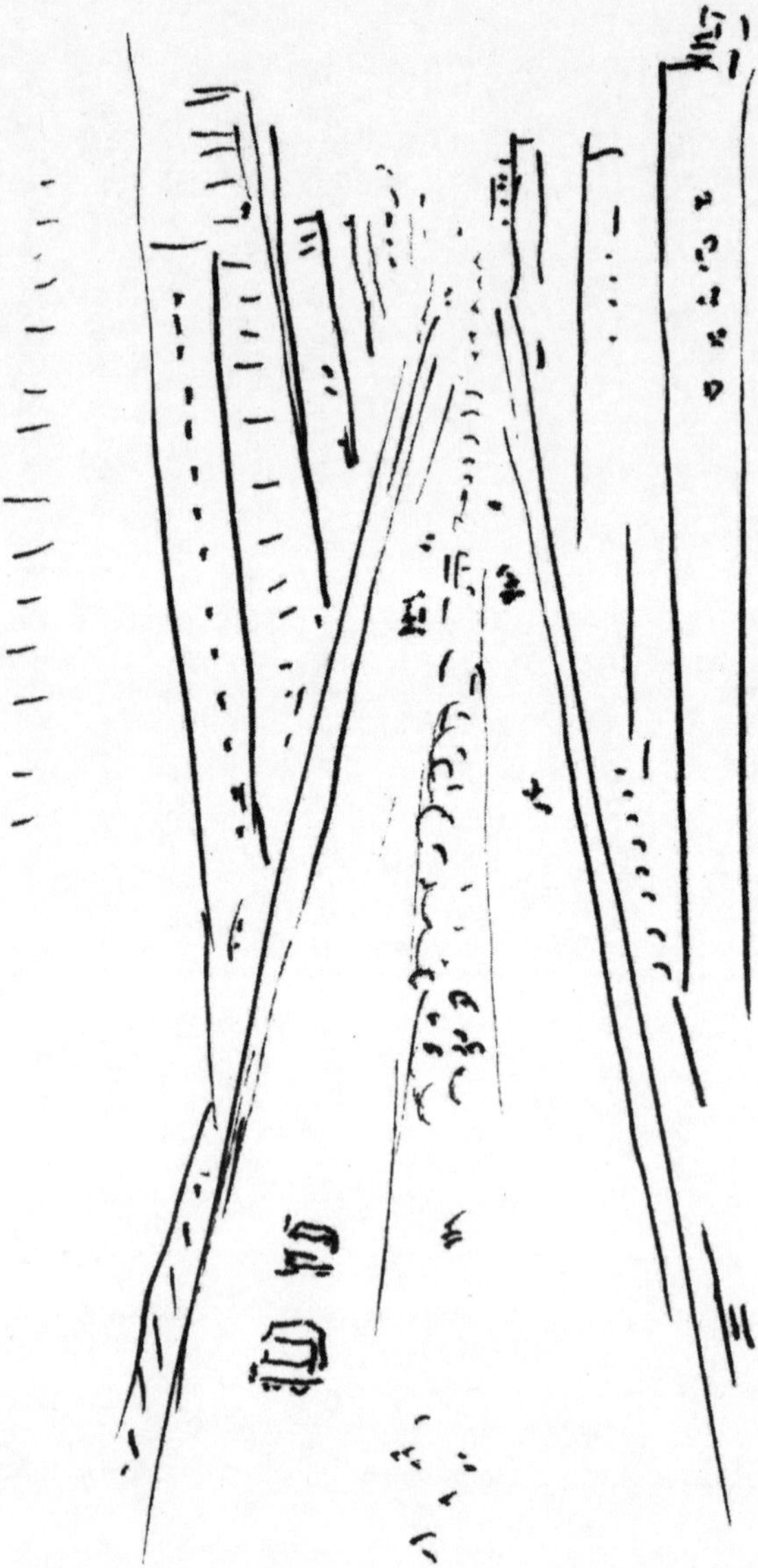

行くべきだ。でも、やりたいことを探しに今いる場所を離れるのは違う。

都会に住んでも、結局は暮らし働く場所が自分の世界になる。その場所にいる理由がないと、日常に飲み込まれてしまう。生きる場所じゃない、自分はどう生きるかだ。自分の立つ場所は自分で決める。

いろんな場所で町おこしをやっている。成功しているところもあれば、思うようにいっていないところもあるようだ。家を無料で貸してあげるから住みませんか。インフラを完備するのでオフィスにしませんか。子どもの医療費は無料ですよ。甘言はいたるところにある。高齢化が進み人口が減り続ける日本でいつまでこのような補助金や助成金に依存する町おこしなるものが続くのだろう。昔から、金の切れ目が縁の切れ目と言うけれど。

町は計画して無理におこすものじゃない。小さな力が集まって、知らぬ間におきているもの。チャーミングな店に人は集まる。チャーミングな店の近く

町にいい風を吹かせる方法

に新たな店ができ、チャーミングな人たちがさらに集まってくる。馴れ合いではなく適度な距離感を保ち、互いを意識しながら高め合い、知らない間に町が活気づく。そんなふうに盛り上がっていくのがいい。

補助金をあてにしたり非営利団体を作るよりも、とにかく一生懸命働いて税金をたくさん納めること。それ以外に町をよくする方法はない。そういう人たちが増えると、きっとその町にはいい風が吹く。

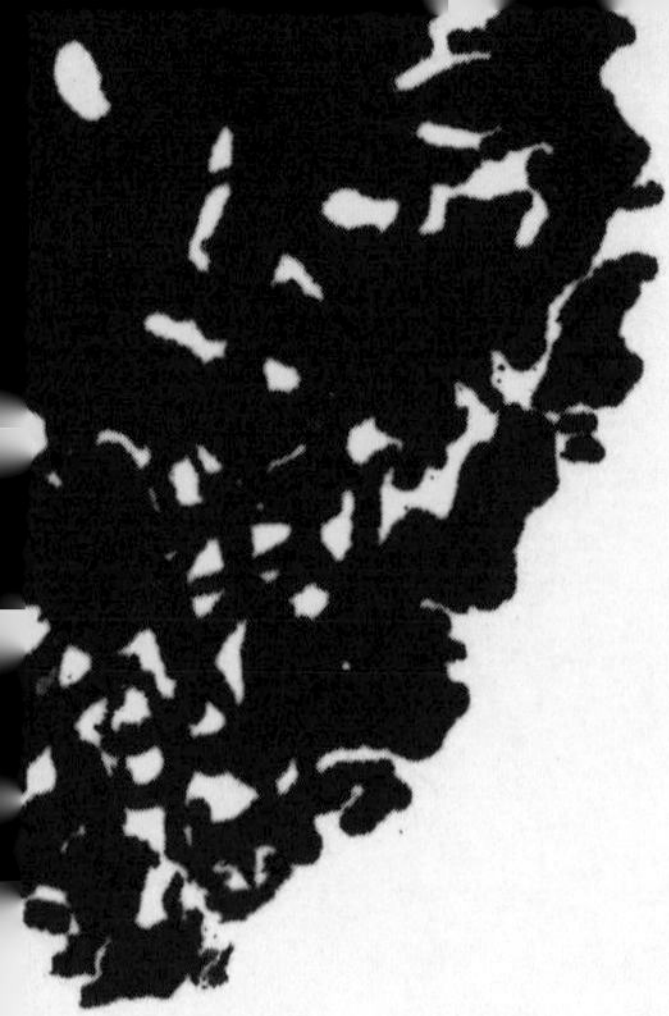

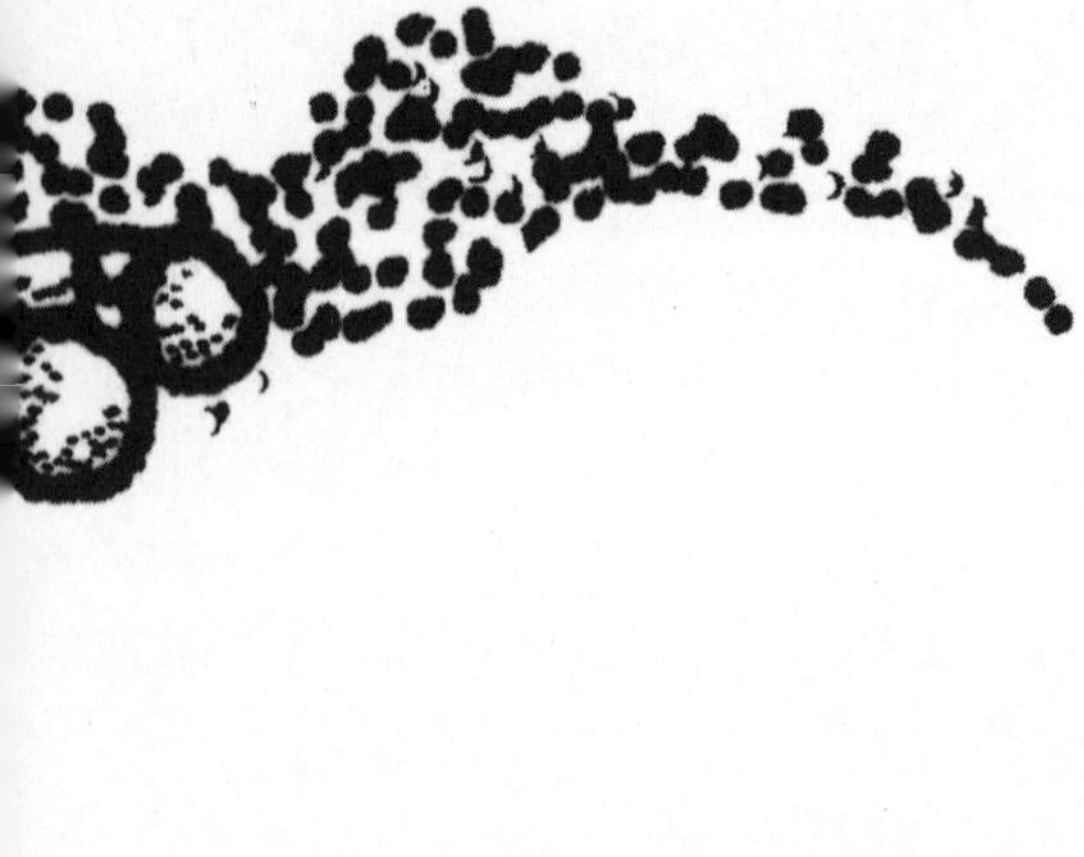

コーヒーの産地を知らない。知らないとは言っても、さすがにブラジルやコロンビアなどの有名産地の名前くらいは知っている。しかしそれ以上の、採れた地区、農園ごとの情報までは記憶していないし、初めから覚える気もない。今使っているコーヒー豆の農園名を知らない場合もある。もちろん尋ねられたら調べてきちんと答えるが、聞かれたことはほとんどない。

以前は産地国名だけではなく、地域名や農園名まで細かに記載して販売していた。だけど、複数の農園のコーヒー豆を使用するようになってからは書くのをやめた。仕入れるタイミングによっては違う農園になることもあるからだ。

ある時、私の店のお客さんはそういった情報には重きを置いていないことに気がついた。ただそのコーヒーが美味しいかどうか、それだけを

大切なのは情報ではない

見てくれていた。
中には「この前のコーヒー、いまひとつだったよ」と言ってくれるお客さんもいる。本当はそんなこと言いたくないだろうし、そう言いながらも買いに来てくれることはとても励みになった。そうであれば何を一番大切にすべきなのか、答えは自ずと決まった。お客さんが美味しいと思うコーヒーを作ること、ただそれだけ。

ずっと権威のある人や、通と言われる人に褒められたかった。雑誌に載せてもらっては天狗になって浮かれていた。本当に馬鹿だった。でも知っていたんだ、自分のコーヒーがダメだってことを。だから美味しいコーヒーができるようになるまで、取材をすべて断ることにした。

コーヒーの生豆に関する情報が邪魔だった。産地や農園、精製方法、そんなことではなく自分が焙煎したらどうなるか、それだけを考えて生

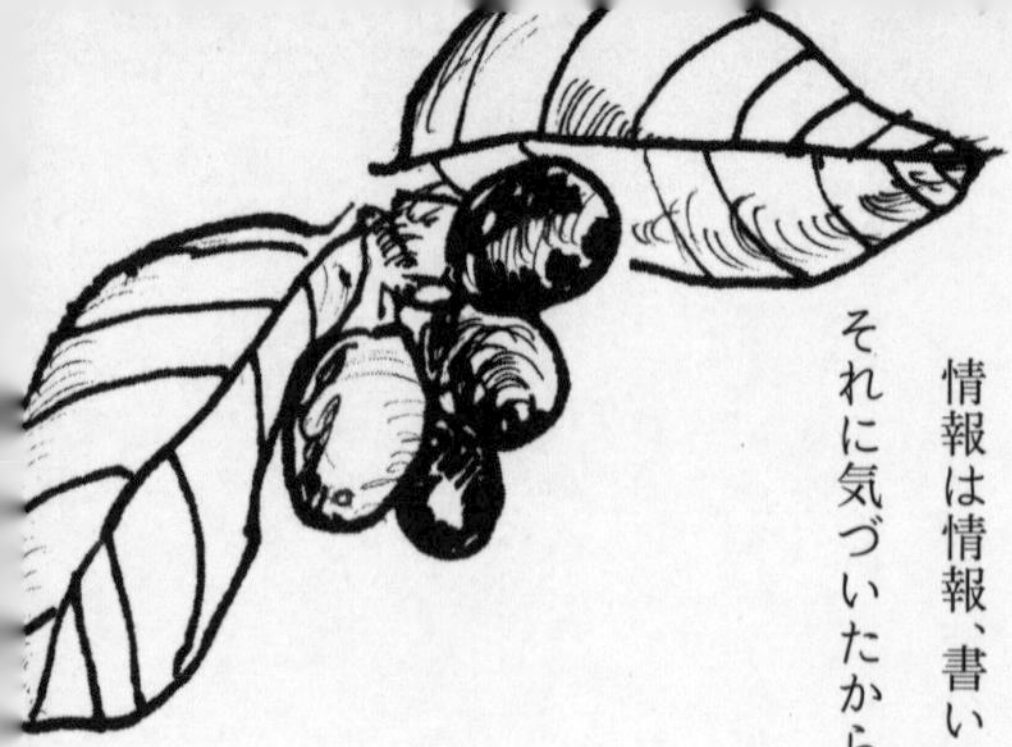

豆を仕入れるようにした。そしていろんな生豆を手に入れられるよう、考えて動いた。一般的に質がいいと言われているものではなく、私が焙煎して美味しくなる生豆。そして重要なのは、高価でないことと手に入れやすいこと。買いやすい金額で安定して販売できることが何より大切だった。

情報は情報、書いてある。書いてあることは覚えなくても見ればわかる。それに気づいたから、私は次に進むことができたんだ。

価格は店のプライド

販売価格を決める時、同じ業界の大手や人気店を参考にすることが多いと思う。それはもちろん大切なことだけれど、規模や出店地域のことを考えないと失敗してしまう。例えばコーヒー豆屋の場合、同じ銘柄の生豆を使用している店と同等の値段をつけてしまいがちになる。しかし、その店が東京で、自分の店が地方の場合は単純に比較ができない。家賃や人件費がまったく違うからだ。

同じものが少し安いと、お客さんの目に留まりやすい。これは安売りをするのとはまったく意味が違う。お客さんは価格と商品のバランス、すなわち適正価格を見ている。小さな店を続けていくためには、この見極めがとても大切だ。絶対にお客さんを馬鹿にしてはいけない。素人だからわからないだろうなんて思い上がりが一番危険。素人だからこそ、プロのように思考にバイアスがかかっていない。ただそれが適正価格かどうかだけを見ている。だから価格は真剣に考えなくてはならないんだ。

店を始める時、セールをしないこと、特典カードを作らないことを決めた。それらをするということは、割引ができるだけの利益を初めから上乗せして販売しているか、利益を削っているか、そのどちらかだ。大型店は大量に仕入れて販売することでカバーできるのだろうけど、個人店は小さな値引きがジワジワと自分の首を絞めることになる。

確かに、割引に勝る特効薬はない。しかし割引の時に買ったイメージが残ると定価が高く感じられ、安くしないと買ってくれなくなる。

大型店よりも高いけれど、ここで買いたいと思われる店にならなくてはいけない。価格以上の何かを持って帰ってもらえるように、知恵を絞るしかない。生き残る道はそれしかないが、お客さんとそんな関係を築くことができるのも小さな店の特権だ。

未だに正しい価格というものがよくわからない。そのため開店以来、一度もコーヒー豆の価格を変えていない。上げるのか下げるのか、それを考え出すと迷宮にはまってしまい、結局同じまま。だけど、私は自分がつけた価格に誇りを持っている。価格は店のプライドなのだ。

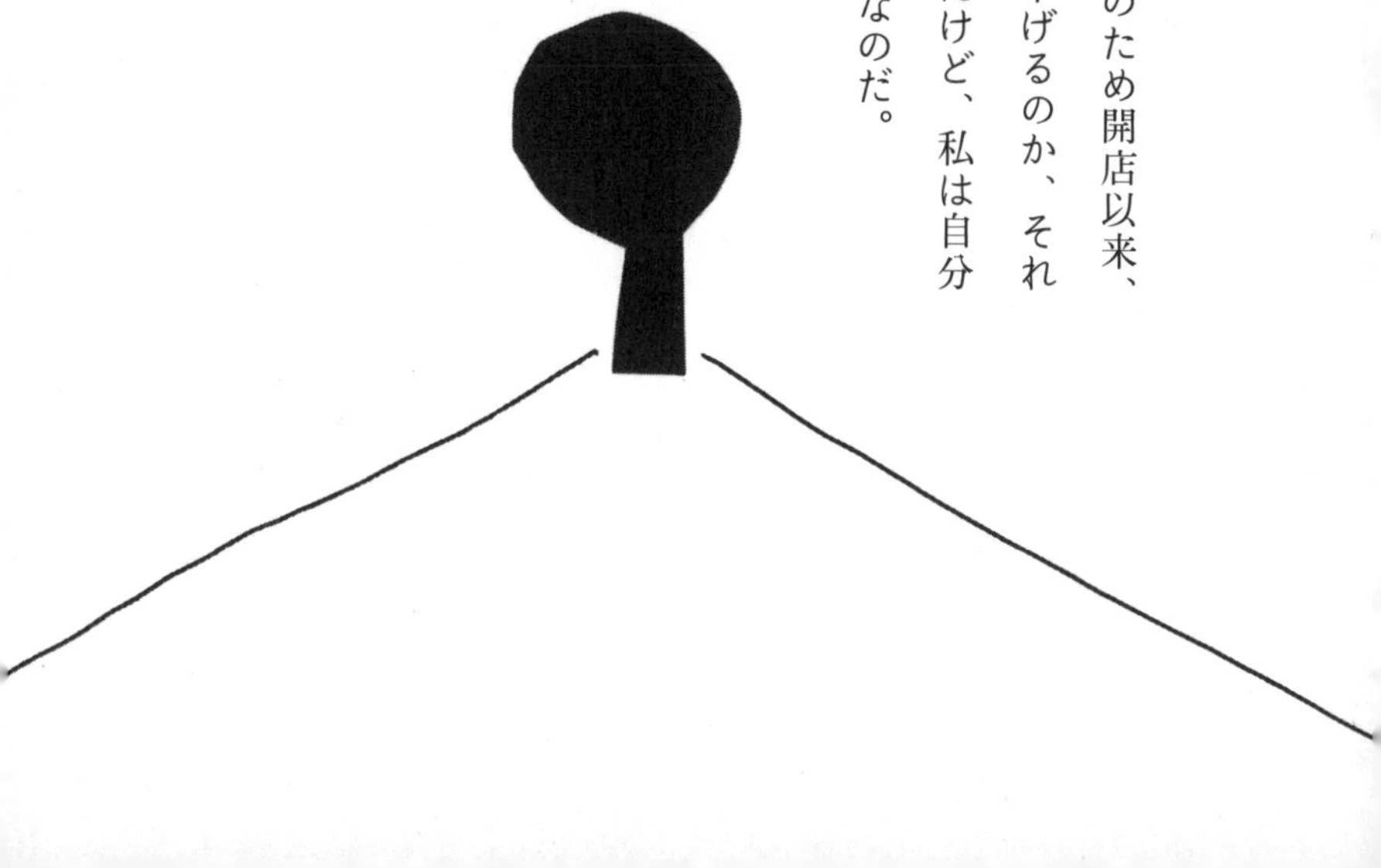

店を維持するために大切なのは、利益を上げること。これさえできていればどうにかなる。利益とは、売上から経費を引いたもの。単純だけど忘れがちになるのは、きっと当たり前すぎるから。開業する前にいろんな本を読んだが、どこにも書かれていなかった。だって、こんなことを書いたって読んだ人に馬鹿だと思われるし、書くまでもない周知の事実だから。だけど本当はそういうことが大事なんだ。

これは店に限ったことではない。会社はもちろん家計も同じだし、国家だってそう。世界は単純にできているはずなのに、誰かが複雑にしている。よく考えて悩まなければならないこともあるが、毎日の

楽しいことを伝えていく世界

生活にかかわることはできるだけ簡単にした方がいい。

知っていることができているかと考えると、できていないことの方が多い。無駄なことに日々消耗されすぎている。自分が苦労したからお前も苦労しろというのではなく、こうやった方が楽しくなるよ、と自分の経験を次の人たちに伝えていく世界がいい。

簡単にできることほど、つい後まわしにしてしまうくせがある。今やっていることが終わったらすぐにやろうと思っているのに、違うことを始めてしまう。そんなに忙しくもないのに何でいつもこうなんだろうかと思うが、なかなかできない。

そんな私だが徹底していることがある。それは請求書が来たらどんなに遅くとも一週間以内に支払うということだ。私の店には支払い日がない。月末締めの翌月末払いなんていうルールもない。後まわしにするとうっかり振込を忘れる可能性があるから、忘れっぽい私にはこの方法はとてもいい。

それに、大きなおまけもついてくる。入金が早いと、ただそれだけで信用ができる。あの店はすぐに入金してくれるから資金繰りもうまくいっているんだな。ただ早いだけでそう思ってもらえる。逆に遅い場合はど

返信はすみやかに

うだろう。まだ入金してくれないのは業績が悪いからかな。何だかお金にルーズな人だな。入金の催促をするのは嫌だな。相手には負の感情しか生まれない。それなら早く入金した方がいい。支払う金額は同じなのに、早く払うだけで信用がついてくる。

通販も、注文をいただいたらできるだけ早く発送するように心掛けている。入金確認後に発送なんていうのはナンセンス。何が大切なのかを考えれば、答えは一目瞭然。わざわざ遠方にある店のコーヒー豆を通販で購入してくれるのだから、早く飲みたいに決まっている。いい豆を早く届けることが、一番喜んでもらえる方法だ。

メールの返信も早い方がいい。恋人にメールを送ってすぐ返事が来たら嬉しいのと同じ、仕事だって返事は早い方がいい。相手を好きになって、自分のことも好きになってもらった方が円滑に仕事が進む。これも入金と一緒で、ただ早くするだけでもれなく信用がついてくる。返事を書く手間は、後まわしにしたって同じことなのに。

簡単なことこそ、それができないと信用をなくしてしまう。逆にこういうことをコツコツと積み上げるだけで信用はできる。これは経験や実績がなくても誰にだってできる。入金と発送、そしてメールの返信はすみやかに。それは魔法の言葉。

「新しい」という形のないもの

小資本で始められる。在庫を持たない。今までにない新しいアイデア。これがビジネスの潮流らしい。私はまったく逆のことをやっている。高額な焙煎機を購入し、たくさんの生豆を仕入れ、昔からの方法でコーヒー豆を焙煎し販売している。

商売に新しいも古いもない。需要があれば残るし、保護しないとなくなってしまうような脆弱《ぜいじゃく》なものはいずれ消える。大切なのは新しいアイデアや、合理的でリスクの少ないことではない。必要なのは想像力。何十年後も絶対に残る仕事をしている人たちを見つけ、じっと観察すればいい。そして真似をすることから始めるんだ。もちろんアイデアや手法をそのまま盗むのではなく、最上の敬愛を持って、学ぶべきところを踏襲していく。それを日々繰り返すことにより、知らぬ間に自分の形ができる。「こうありたい」ではなく、「気がついたらこうなっていた」とい

う感じ。
大切なことは簡単にはわからない。それはきっと、普通すぎるから。
それに気づいてから、私は「新しい」という形のないものを追うことをやめた。

点数をつけるのも、つけられるのも苦手だ。いや、苦手というより嫌いだ。悪ければ腹が立つし、いいと調子に乗ってしまう。点数に一喜一憂する自分の弱さを目の当たりにするのも耐えられない。否定的な意見を目にしては、憤慨したり落ち込んだりしていた。そんなものに感情を動かされたところで、やるべきことは変わらないのに。

　コーヒーの生豆も点数をつけられるが、美味しいコーヒーを作ろうと懸命に働いている生産者のことを思うと、胸が

痛い。彼らは高得点を競うゲームをしているのではない。

点数をつける人はきっといなくならないし、その存在に怯えていたって仕方がない。だったらどうする。自分の見方を変える以外に方法はない。比べられるのは嫌なのに、自分以外のことなら平気で点数や順位をつけてしまう。だからこそ、そうならないように強く意識する。優劣をつけるのではなく、自分が好きなものを、全力で好きだと言い続ける。それだけで十分なんだ。

三十六歳で開業した。決して早くはない年齢だ。妻と二人の子どもを抱えるものとしては、むしろ遅いスタートだった。

太宰治と松本清張は一九〇九年生まれの同い年。だけど、太宰は昔の文豪で、清張は近代の小説家というイメージがある。それは太宰二十四歳、清張四十二歳というデビューの年齢の影響が大きい。清張がデビューする前に太宰は亡くなっているから、特にそう思うのかもしれない。早熟型と晩成型。

人の寿命は誰にもわからないし、わからないから生きていける。長寿の人が早熟型だと人生は長く苦しいものになるかもしれない。短命の人が晩成型だと才能を開花させることができないかもしれない。

同年代の才能がある人を見て、落ち込んだり嫉妬したりする時間はもったいない。その人の今だけを見ても、本当のことはわからない。それよ

年齢は重要なことなのだろうか

りも自分の感情や想いから目を逸らさず、やるべきことと真摯に向き合えば自ずと力が湧いてくる。

人はつい歳のせいにしてしまう。若すぎるからダメだとか、今からじゃあもう遅いだとか。そんなことは関係ない。やるかやらないか、ただそれだけ。

ゆっくりドリップすることが丁寧にコーヒーを淹れることだと思っている人が多い。丁寧に淹れるというのは、鮮度のいい豆を適量使い、淹れる直前に挽き、抽出量をきちんとはかること。じっくり時間をかけてドリップすると、苦く重いコーヒーになるだけ。丁寧に淹れるというのは、指針となるものを把握しながら淹れることなんだ。

しかし、丁寧にできる日もあれば、雑になってしまうこともある。毎日丁寧に淹れるなんてしなくてもいいし、できる

幅のある暮らし

訳がない。

暮らしも両方あるのがいい。雑な生活が続けば心が荒んでしまうし、毎日が丁寧だと疲れてしまう。丁寧に暮らすというのは、誰かに対してするものではなく、自分や家族の毎日に自然と表れるもの。こんなふうに生きていこうとみんなで話し合い、ちょっと違うと思ったらその都度指針を見直しながら進んでいくのがいいと思う。難しい顔してじゃなく、笑いながらできたらいいな。完璧を求めない幅のある暮らし、それこそが本当の丁寧な暮らし。

新作のCDを買うことが少なくなった。といってもダウンロードで購入するようになったのではない。音楽は好きだから昔の作品は買うし、持っているアルバムはよく聴いている。

初めて買ったレコードは大滝詠一の『ア・ロング・バケイション』だった。

十曲三十八分

A面五曲B面五曲の全十曲。このレコードを繰り返し聴いた。その次に買った山下達郎の『ライド・オン・タイム』は九曲入りだった。同じ頃手にした佐野元春の一枚目と二枚目も何度となく聴いた。だけど十一曲入りの三枚目『サムデイ』以降はそうでもなかった。

その後はパンクをよく聴いた。セックス・ピストルズ、ザ・ジャムにザ・クラッシュ、初期のアルバムはどれも短かった。冗漫なものは格好悪い、そう刷り込まれた。十曲三十八分というのが理想だ。今のアルバムは長すぎる。ボーナストラックなんかいらないし、目一杯曲が入ったベスト盤も買わない。

たくさんあるのがいい訳じゃない。何だって適量がいい。コーヒーも一緒、私はすべてにおいて丁度いいコーヒーを作りたい。十曲三十八分の小品のようなコーヒーを目指しているんだ。

切符派

切符で電車に乗る知人がいる。理由を尋ねると「切符を持っているのが好きだから」その答えにしびれた。以来、私も切符派になった。

再び切符を買うようになって、当たり前のことを思い出した。電車に乗るということは、移動することなのだと。カードでピッと改札を通過し、携帯電話で検索した通りに乗り継げば何も考えなくても目的駅まで到着できる。切符の場合、路線図を見て運賃を確認する行為が発生するが、それだけでどこからどこへ移動するのかを実感できる。

買い物はカードではなく現金で払いたい。お金は、使うとなくなることが目に見えるから。紙の本を買いたいし、音楽はレコードやＣＤを買いたい。装丁や紙質を愛でたいし、何より手に重さを感じたい。

合理的だったり無駄がなかったり、完璧だったりするのはもういいと思うようになったのは、切符派になってからかもしれない。

切符を買うのにモタモタして相手を待たせたり、一本乗り過ごしてしまうこともある。切符をなくしあたふたすることもある。

それでも私は切符を買う。手のひらに感じる僅かな重さを大切にしたいから。

迷ってみよう

いろいろな土地の案内本を上梓《じょうし》している文筆家の知人がいる。彼女の本には紹介している店や場所の地図は載っていない。なぜ地図を載せないのかと尋ねたところ、「住所がわかれば自分で調べられるし、できることなら迷いながら目的地に着いて欲しい。その間に思わぬ発見があるかもしれないから」と話してくれた。私は十年間旅行会社に勤めていたから、効率よく旅程を完了させることしか考えていなかった。だから、その言葉が胸にズシッときた。

今の世の中は迷わないよう、間違わないようにできている。地図アプリがあれば、初めての場所でも道に迷うことはない。買い物をする前にはネットで値段や機能を比較して、安く人気の高い商品を選ぶ。映画を観る前や本を買う前には口コミ評価の星の数をチェックして、評判のいい作品を選ぶ。音楽はネットで視聴して、アルバムの中の気に入った曲

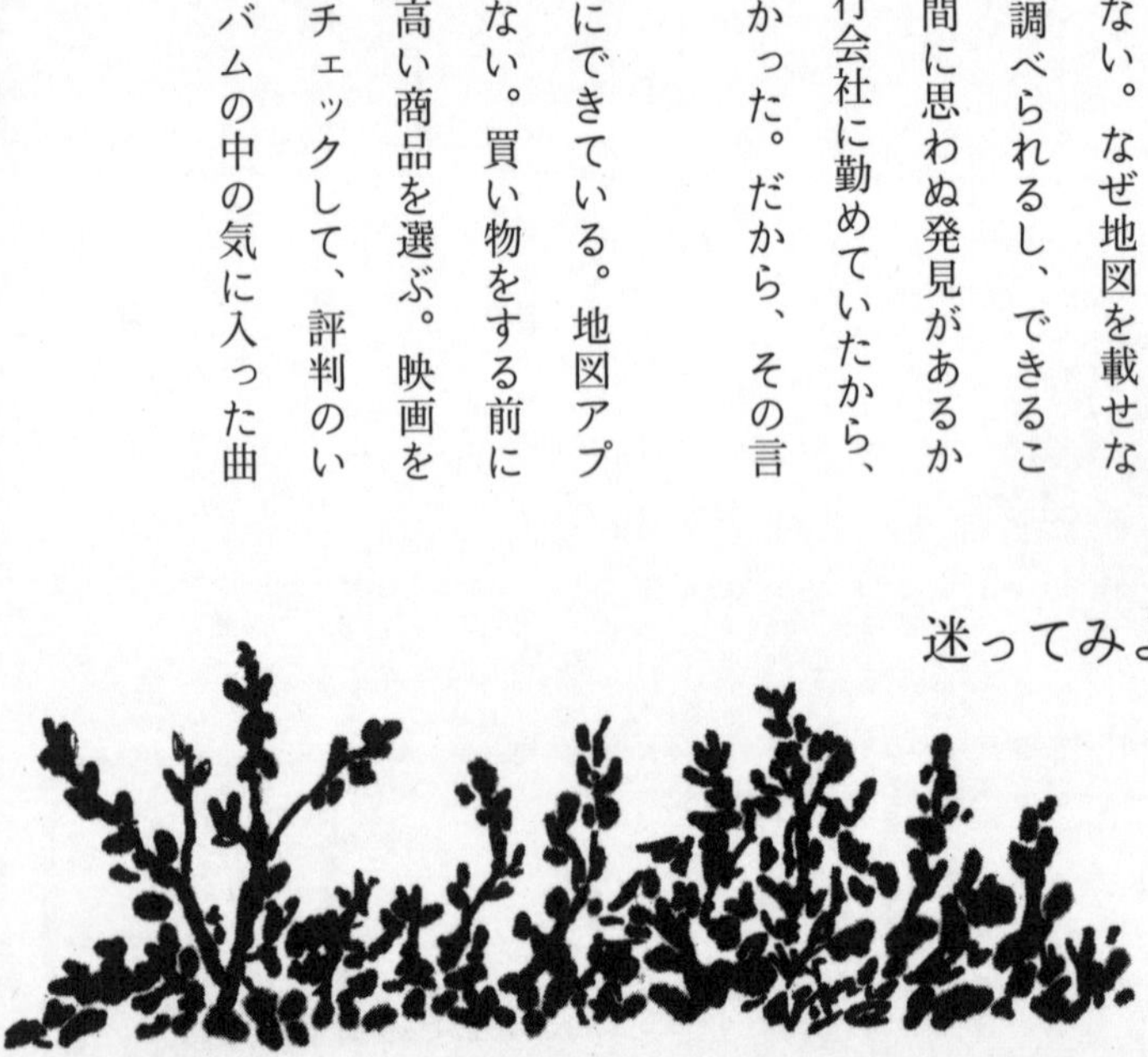

だけをダウンロードする。みんな賢くなったから、レールから外れようにもなかなか外れることがなくなった。

だけど学生時代、試聴せずにジャケットだけで選んだレコードが大好きな作品になったり（大失敗もあったけれど）、最初はあまり好みではなかった曲が聴いているうちにアルバムで一番好きになっていたこともあった。自分の好きなものばかり選んでいると、予定調和のものとしか巡り会わない。知らないものを知るから興奮するのだし、損得勘定ばかりしていたら本当に好きなものに出会っても、それを手にすることを躊躇《ちゅうちょ》してしまうかもしれない。

目的地まで最短で到着するのもいいが、迷ったり間違ったりした道で出会った人や風景、出来事がずっと記憶に残ったりするものだ。同じ道ばかり歩くのもいいだろうけど、迷った先で大切な何かを見つけること

もある。

店をやっていると決断の毎日だ。このやり方は間違っていたかもしれない、あっちの道が正しかったのかも、と後悔の連続でつい効率やコストパフォーマンスなんて言葉に引っ張られてしまう。だけど、このことを心のどこかに留めておくだけで、迷うことも楽しくなるし、随分と気が楽になる。

迷ったら買わないようにしている。迷うということは、絶対に欲しいものではないから。値段で迷った時も買わない。借金を背負うことが天秤にかけられる時点で、自分にとってそれはたいして必要なものではない。

平均的な会社員の家庭で育った。貧しくはないけれど余裕がある訳でもない、ごく普通の家庭。母の口癖は「もったいない」で、本当に必要なもの以外は絶対に買ってくれなかった。おかげで無駄な買い物やものを粗末にすることに罪悪感を感じる大人になった。いいことばかりではないと思うが、我慢ができるようになり、諦めるということも知らないうちに身についていた。

辛抱するのはよくないことだという風潮がある。嫌ならやめて、自分の思うように生きればいい。一見優しいようだけれど、まったくもって無責任な言葉だ。心から相手を思うのなら、そんな言葉は出てこない。

私は欲しいものがあまりないし、たくさんのものを持ちたいとも思わない。必要なものだけを最小限持っていればいい。足りないくらいがちょうどいい。

好奇心は必要なのだろうか

不思議なことがあったら、ただ「不思議だな」で終わる子どもだった。「どうして飛行機は飛ぶんだろう」と思うのではなく、「すごいなあ飛行機って、飛ぶんだもんな」と思う性格。

たくさん本を読むのだけれど、内容はすぐに忘れてしまう。メモはとらないし、数字や固有名詞や題名などは端から覚える気がない。知識を得るために読んでいるのではなく、ただ本が好きだから読んでいる。それは右から左へ流しているだけのように見えるかもしれないが、案外そうでもない。知らない間に自分の中に何かが蓄積されている。何かを得

ようと意識的にやっていない分、無意識に残ったものの純度は高い。

好奇心は必要なのだろうか。何かを感じる心は必要だけれど、それ以上の好奇という感情はそんなになくてもいいような気がしている。好奇心はやはり意識的だ。だからその感情が満たされると、さらに別の新しいものに意識を向けようとする。これが苦ではなく自然にできる人は素晴らしい。だけど、ただ美しいものを純粋に美しいと思える人も素晴らしい。

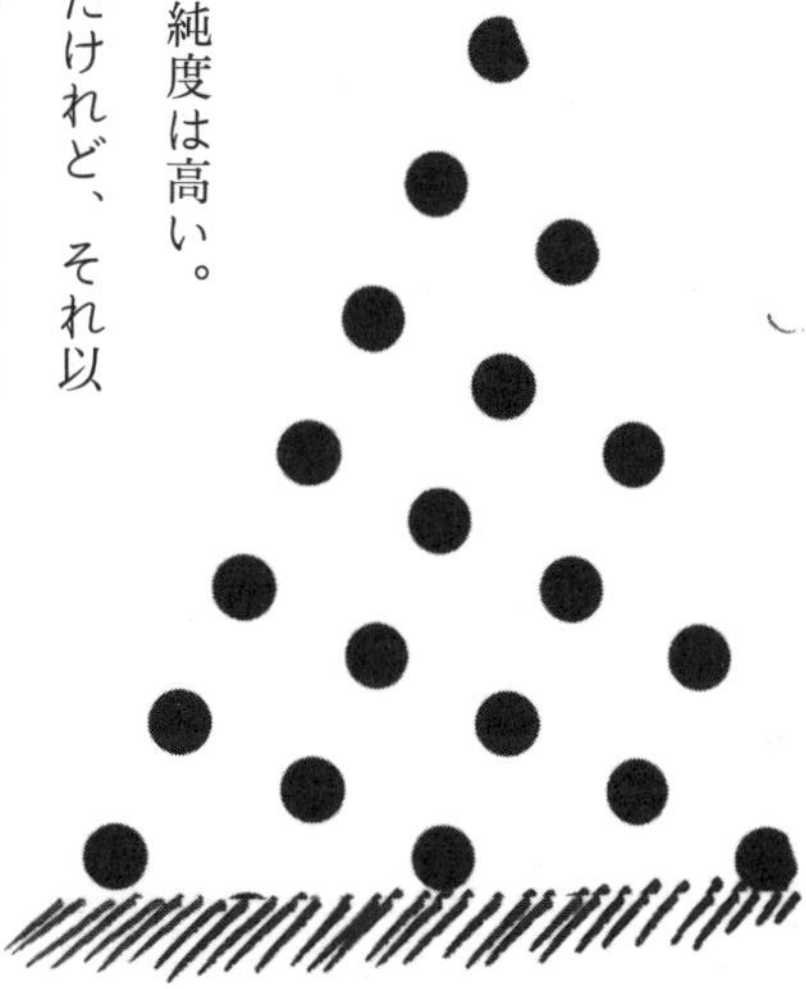

一番を目指せと教育されてきた。一番にならなければならないという考えは、強い敵を倒すとさらに強い敵が現れ、修行して倒すとなお一層強い敵が登場する長期連載の少年漫画のような、終わりのない循環に入ってしまう可能性がある。どうせなら、戦うのではなく仲よくなるっていうのはどうだろう。これなら修行をする必要もないし、どんどん友だちが増えていく訳だから、いいことばかりだ。漫画のストーリーとしては成立しないけれど。

始めたらやり遂げなければいけないというのも、これまた厄介な話だ。もちろんそれはいいことなのだろうけれど、やり遂げないのが悪いというのは違

頂上までは登らない

うような気がする。途中で違うと思ったらやめるのも勇気だ。何の努力もしないでやめてしまうのは話にならないが。

頂上まで登ると、そこで終わってしまう。一番上まで登ったら、あとは下るだけ。景色のいいところまで来たら、それ以上は登らずにその場を楽しむのもいいんじゃないかな。違う風景が見たくなったら、また歩き出せばいい。行ったり来たりしているうちに、人生は終わる。

日々、ひとりで考えている。でも、いいアイデアが生まれることはほとんどない。そもそもアイデアは何もないところから突然わき上がってくるものじゃない。自分の中に蓄積されたものが組み合わさって、ふとした瞬間に出てくるだけのこと。知ってはいても、気がついていないものは結構ある。

一番アイデアが出るのは、雑談している時だ。お茶をしながらでもお酒を飲みながらでもいいんだけれど、あまり大勢ではない何人かで話をしている時、特に自分と違う仕事や生活をしている人たちと話をしていると、眠っていた知識や経験がムクリと起き上がってくることがある。相手に伝えようと話をしている時に、頭は全力で働いている。とりわけ魅力的な人たちと話をしていると、知らぬ間に思考の速度は上がっていく。

雑談力

東京で仕事をするようになった頃、出会う人たちの意識の高さやセンスのよさ、知識の豊富さに戸惑った。たわいもない雑談をしていても、神経を集中していないと話についていくことができなかった。まあまあセンスがいいんじゃないか、なんてうぬぼれていた自分の愚かさに気づいたのはとてもいいことだった。彼らと話ができるようになるにはどうすればいいのかを真剣に考えるようになったから。

小学生の時からの友だちと雑談するのも楽しい。ともに育ってきたもの同士は、言葉じゃない何かを共有している。

人の思考や嗜好は偏りやすく、年を重ねるごとに視野は狭くなっていく。だから意識して広げる努力をしている。同じところばかりでいるのは心地いいけれど成長もない。でも成長することばかりを考えていると、足元にある大事なものを失くしてしまう。未来のための場所、過去から

今に至る場所、どちらも大切だ。

必要なのは雑談力。それは誰かの言葉を受けて、言葉を返す力のこと。自分の話をするだけでもダメだし、ただ相手の話を聞くだけでもダメ。一方通行の話はつまらない。雑談力を養うにはバランス感覚が必要だ。その力が身につけば、雑談の最中にアイデアが引き出されるようになる。

美味しく淹れられたコーヒーを妻が飲むと、決まって「薄いね」と言う。どうやら私は薄いコーヒーが好きなようだ。自分の好みは人から言われて初めてわかるものなのかもしれない。

自分はこれが好きだと思っていても、案外そうではなかったりすることがある。理論的にこれが好きだと説明できるものは、それが好きな自分でありたいと思っているところがある。本当に好きなものは、もっと無意識で無自覚なもの。だから自分ではそれがわからない。

ふと、子どもの頃にあだ名を自分でつける友だちはほとんどいなかったことを思い出した。

自分とは他人が決めるもの

こう呼んで欲しいと自ら提案してきた同級生もいたが、その呼び名は定着しなかった。きっと子どもなりに漠然としたルールがあって、相手のことを感覚で捉えてあだ名をつけているのだろう。

何でも理由をつけると急につまらなくなる。何となくという感覚を大切にしたい。そして人から言われたことを真摯に聞く耳を持ちたい。他者からの評価の方が間違いなく当たっている。自分とは自身で決めるものではない。他人が決めるものなんだ。

小さな声を聞き逃さないように心掛けている。小さな声は大きな声に比べると重要ではないと思われてしまうこともあるし、大きな声の人がいるとその意見に流れてしまうことも多い。だけど小さな声だって同じ声、大きいか小さいかなんて関係のないことだ。

私は大きな声の人が苦手だ。大きな声の人と話をしていると萎縮してしまう。それに大きな声は耳には入ってくるが、心まで届くことは少ないように思う。

いろんな声があった方がいい。自分と価値観の違う人の声を聞くのは難しいことだけれど、偏見のな

小さな声に耳を澄ますと大切なことが聞こえる

い心で耳を傾けたい。そして、まだ声になっていない声にも気づく人でありたい。

　大切なのは相手の声を聞き、自分の声を伝えること。大きな声も小さな声も、耳を開いてしっかりと聞く。決して自分と違う声を批判してはいけない。絶対に傷つかない場所で、誰かを傷つけるような卑怯者にだけはなりたくない。

　そして大事なことを伝えたい時は、心を込めてそっとささやく。小さな声に耳を澄ますと、本当に大切なことが聞こえてくる。

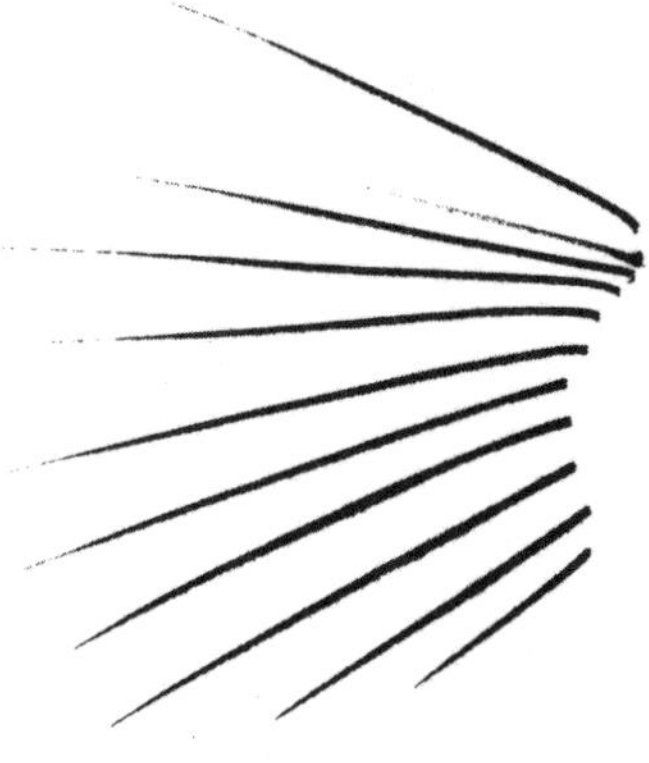

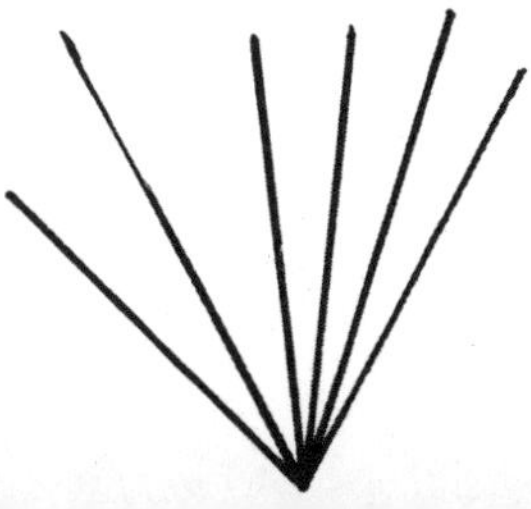

自分の部屋の窓から見える山と、山の反対側に住む人の部屋の窓から見える山は、同じ山でも違う姿をしている。同じ名前を持つ山だけれど、目に映る姿はまったく別のものである。

同じものを見ていても、立場や状況によって違って見える。人の目は見たいものだけを見るようにできている。正しいと思っていても、それは今の自分が見ている世界でのことで、すべての人がそう思うことはないし、一年後の自分が正しいと思うかさえ怪しいものだ。ひとつの方向からだけではなくいろんな角度から眺めることで、初めてそのものの本質が見えてくる。

不完全な世界で生きていきたい

たぶん、きっと、だろう、ようだ。こんなあやふやな表現を私は好んで使う。人に何かを伝えたい時には有効でない言葉たち。人は断定的な表現でなければ信じないし、耳を傾けてくれない。だけど、私はやっぱり言い切ることが得意ではない。だからこれからも断言することはないだろう。自分は欠落のある人間だから、これからも言うことが変わっていくと確信している。白黒はっきりしない、あいまいで不完全な世界で私は生きていきたい。

自分の順番が来た

結婚した時、ちょっと真剣に稼がなきゃと思った。子どもができた時に腹が決まった。そこでようやく未来を考え始めた。

親には何不自由なく成人させてもらった。だから今度は私の番。親の義務とか責任とか、そういうことではない。そんなことを考え始めたら、重圧に押しつぶされてしまう。自分の順番が来たから、やるべきことをやるだけ。シンプルに考えることにした。

順番があるにもかかわらず、「私はこれがやりたいので遠慮します」と言い出すと、社会は困ったことになる。ひとりくらい影響ないんじゃないかとみんなが思えば、影響どころの騒ぎではなくなる。大勢はひとりの集合体なのだから。

順番を守っているといいこともある。家族ができると、食べていくためにいろいろなことを始めざるを得なくなった。子どもが成人するまでまだまだ時間があるし、住宅ローンもたくさん残っている。親も歳をとるし、家だって古くなっていく。これからもっとお金が必要だ。だけどこれは不安なんかじゃない。自分の順番が来た、ただそれだけのこと。

子育ては自分育て

子どもが二人いる。女の子と男の子。子どもは親を選べないから、一緒に暮らしてくれている。つまらないことで叱ることもあるし、偉そうに説教することもある。だけど、注意している自分自身ができてないことばかりだし、子どもたちの方がきちんとできていることも多い。

挨拶をしなさい。片付けをしなさい。お礼を言いなさい。何ごとも一生懸命やりなさい。嘘はつかないように。どう考えても、何ひとつちゃんとできていない。子どもたちに言いながら、自分に向かって言っているのかもしれない。

子どもがいて本当によかったと思う。何もかも自分の思い通りになんてならない、そんな当たり前のことを教えてもらった。そう、子育ては自分育てなんだ。

子どもたちが幸せそうに桃を食べているのを見ると、自分も知らぬ間

に笑顔になっている。親とはそういうものだ。ふと思い出し、太宰治の「桜桃」を読み直したのだが、昔読んだ時はつまらないと思ったその言葉のすべてが心にしみ渡った。

信じてもらいたいのなら、相手のことを信じなければならない。こちらが信用していなければ、相手はなおのこと自分を信用してくれない。信用されるためには信用する。普通の人にできることはそれしかない。

友だちを信じる。家族を信じる。お客さんを信じる。仕事に関わる人を信じる。時には裏切られることもあるだろうけど、裏切るより裏切られる方がずっといい。裏切られると悲しいけれど心は強くなる。裏切ると心はよどんでいく。でも自分を

笑いながら生きていこう

信じてくれる人は絶対にいる。どこを見て生きていくか、それで人生は決まる。

　何より大切なのは自分を信じること。自分を信じる強い心があれば、裏切ろうとする人がいたとしても、それを許容することができる。

　きれいなものだけ見て生きていきたい。この世界にはきれいじゃないものがたくさんあると知っていても。他人を笑うより、笑われる方がいい。誰かを笑うのではなく、一緒に笑いながら歩いていけるのなら、それが一番だ。

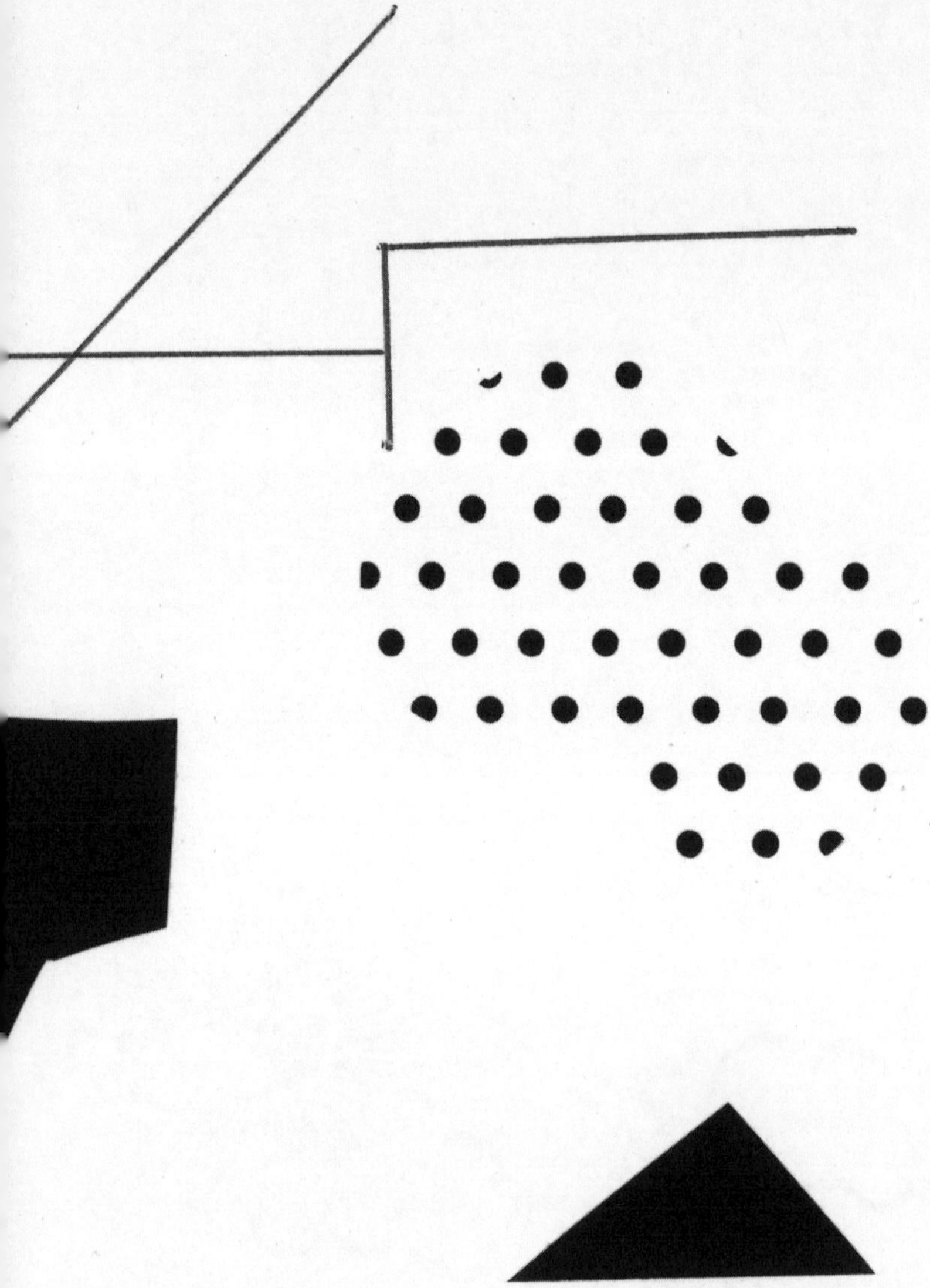

地図を持たない旅

大塚いちお

「コーヒー屋がコーヒーのことばかり話してはダメでしょ。いい音楽聴いたり美味しいもの食べたり、いいものにたくさん触れて自分自身の感覚を高めてかないと」

初めて会った時に庄野さんが話した言葉の「コーヒー」という単語を、「絵」や「デザイン」に置き換えると、それはイラストレーターである僕が自分に必要だと思っていたことと同じだった。僕らの職業は特別な資格もなく、正しいやり方を誰かが教えてくれる訳でもない。四十代になっても仕事という旅をしながら、感じることはお互い同じだったのかもしれない。

それから、時折二人で「いきていくカタチ」というタイトルのトークイベントを開催し、その時考えていることを話し合うようになった。年齢は二つほど僕の方が上だが、ほぼ同世代の僕らがお互い何かを探り合ったり、確認し合ったりすることは、ぼんやりとしたそれぞれの「いきていくカタチ」の輪郭を少しだけ強くする。ガイドマップを持たずに旅をしてきたような僕らにとって、過去の失敗談を話したり次の計画を一緒に立てたりするのは、これからも続く仕事や人生という旅の大きな力になっている。

あらためてこの本の庄野さんの言葉に目を通すと、やはりたくさんの「いきていくカタチ」にあふれている。違う仕事をしている僕が共鳴することがあるのだから、全く別の仕事の人でも共感するところがきっとあるだろう。

ただ、この本はビジネス本でもノウハウ本でもない。そもそも「いきていくカタチ」は人それぞれさまざまだ。本当に正しい答えは、もしかしたら全部この本の逆にあるのかもしれない、なんて意地悪で思ってしまう。

マニュアルがないところで生きてきた僕らだからこそ、もしも僕や彼が若い頃にこのような本に出会っていたら、むしろ二人とも全く逆のことをあえてやっていたかもしれない。それでもその先のどこかで庄野さんと出会っていたのではないかと思えてしまうのは、この本の中にあるような物事に対する彼のさまざまな解釈やアイデアがあるからだろう。

もちろん庄野雄治というひとりの人間のつぶやきのようなこの本を、マニュアルのようになぞりながら生きたっていい。また正反対にやったって、人生は不思議で、きっと楽しい。

そんなきっかけに、この本はあふれている。

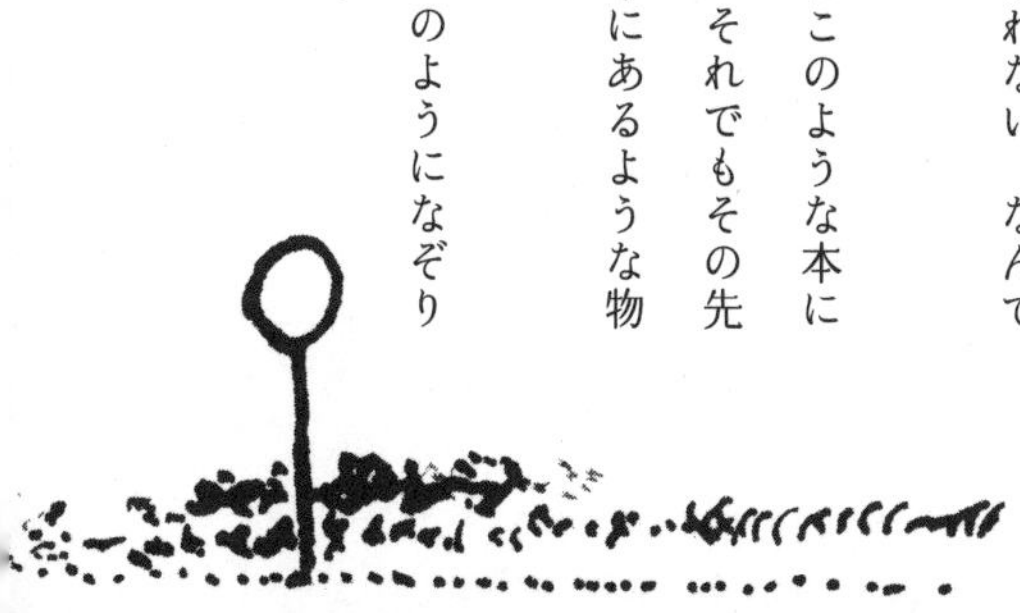

庄野雄治（しょうの・ゆうじ）

コーヒー焙煎人。1969年徳島県生まれ。大学卒業後、旅行会社に勤務。2004年に5キロの焙煎機を購入しコーヒーの焙煎を始める。2006年徳島市内に「aalto coffee（アアルトコーヒー）」を、2014年同じく徳島市内に「14g」を開店。著書に『コーヒーの絵本』、『はじめてのコーヒー』、『たぶん彼女は豆を挽く』（ミルブックス）がある。

アートディレクション、アートワーク　大塚いちお
デザイン　河村杏奈、坂元夏樹
編集　藤原康二

誰もいない場所を探している

2015年10月27日　第1刷
2021年10月1日　第3刷

著者　庄野雄治
発行者　藤原康二
発行所　mille books（ミルブックス）
〒166-0016 東京都杉並区成田西1-21-37 # 201
TEL・FAX 03-3311-3503
http://www.millebooks.net
発売　株式会社サンクチュアリ・パブリッシング（サンクチュアリ出版）
〒113-0023 東京都文京区向丘2-14-9
TEL 03-5834-2507　FAX 03-5834-2508
印刷・製本　シナノ書籍印刷株式会社

Printed in Japan　ISBN978-4-902744-78-1　C0034